EL NIÑO Y SU MUNDO

BULLYING
El acoso escolar

El libro que todos los padres
deben conocer

William Voors

ONIRO

Título original: *The Parent's Book About Bullying*
Publicado en inglés por Hazelden

Traducción de J. A. Bravo

Diseño de cubierta: Valerio Viano

Distribución exclusiva:
Ediciones Paidós Ibérica, S.A.
Mariano Cubí 92 – 08021 Barcelona – España
Editorial Paidós, S.A.I.C.F.
Defensa 599 – 1065 Buenos Aires – Argentina
Editorial Paidós Mexicana, S.A.
Rubén Darío 118, col. Moderna – 03510 México D.F. – México

ISBN: 84-9754-196-0
Depósito legal: B. 41.823-2005

Impreso en Hurope, S.L.
Lima, 3 bis – 08030 Barcelona

Impreso en España – *Printed in Spain*

EL NIÑO Y SU MUNDO

Índice

Prólogo

Hace varias décadas que los estudiosos de muchos países vienen documentando las serias consecuencias que acarrea el acoso escolar. En algunos de dichos países se han puesto en marcha campañas nacionales para proteger de los abusos a los niños. Por desgracia, en Estados Unidos es reciente el reconocimiento del acoso escolar como un problema serio para la juventud. De ahí que nos hallemos todavía muy lejos de una comprensión completa de esos comportamientos agresivos, y todavía más lejos de instituir programas de prevención e intervención a gran escala en las escuelas. Dado que casi cualquier persona adulta recuerda haber sido protagonista activo o pasivo del acoso escolar, o por lo menos testigo de acontecimientos de esa índole en su infancia, no deja de causar algo de extrañeza esa demora en el reconocimiento oficial de la destructividad del acoso entre compañeros. Y así, mientras los investigadores todavía tienen mucho que aprender acerca del acoso escolar, a los padres les hace falta un recurso que ponga en su conocimiento sin demora lo que sabemos hoy por hoy.

Esto es precisamente lo que aporta William Voors en *Bullying. El acoso escolar*. Su completo dominio de la bibliografía del tema se pone de manifiesto. Define con claridad las numerosas variantes de las conductas abusivas y explica cómo las actitudes de la sociedad adulta modelan y estimulan el acoso entre compañeros. Proporciona listas de signos conductuales y psicológicos gracias a los cuales los padres podrán descubrir si su hijo está siendo víctima o instigador de conductas abusivas. El libro explica también cómo iniciar conversaciones con los pequeños sobre el tema, y contiene sugerencias acerca de cómo poner en práctica líneas de conducta que contrarresten las actitudes contraproducentes.

En sus consejos a los padres, William Voors se apoya, asimismo, en sus largos años de experiencia clínica y en la asistencia a niños y adolescentes abusadores, o víctimas, o testigos de abusos. En consecuencia, el libro se ilustra con una gran abundancia de estudios de casos reales. Aunque dirigido explícitamente a los padres, todos los adultos hallarán útiles las informaciones que aporta. Tal como dice el autor en el epílogo, «la lucha contra el acoso escolar requiere un esfuerzo concertado por parte de los padres, de las escuelas, del aparato jurídico y de la comunidad en general».

DOROTHY L. ESPELAGE
Profesora adjunta
Departamento de Psicología de la Educación
Universidad de Illinois en Urbana-Champaign

Agradecimientos

Deseo manifestar mi gratitud a todas las personas que han intervenido en la elaboración de este libro. Ante todo, a Cynthia Harris, mi editora en Hazelden, que ha sido un manantial de paciencia y de sabiduría. También a mi agente, Jane Jordan Browne, y a Janie McAdams, que ha colaborado en la edición. Hay otras muchas personas, la familia, los amigos y los colegas, que me ayudaron leyendo, criticando, aportando consejos profesionales, o simplemente acompañándome durante el proceso. Son demasiadas para relacionarlas a todas aquí, pero yo os recuerdo, y vuestra ayuda se agradece más de lo que imagináis. Quiero dar las gracias a mis padres, que me dieron la vida y me enseñaron a vivir; a mis hijos, por el don que hacen de sí mismos y por la alegría y el privilegio de ser su padre; y más especialmente a mi esposa, que bendice mi vida de incontables maneras.

Introducción

Imaginemos que estamos haciendo cola en la verdulería después de una larga jornada de trabajo. Estamos cansados, tenemos hambre y la mente vaga a su antojo. Mientras nos apoyamos sobre el carrito de la compra guardando nuestro turno delante de la caja, pasamos revista a los acontecimientos del día. Nos sonreímos al recordar un incidente divertido de la mañana de hoy, mientras llevábamos el niño a la escuela, y nos felicitamos por ser padres de un pequeño ser tan extraordinario. De súbito, un golpe seco dado con la palma de la mano en la sien nos saca de nuestras ensoñaciones. La oreja retumba y mientras levantamos nuestra mano en un gesto defensivo, oímos que alguien dice:

—¡Eh! ¡Que tengo prisa! ¡Apártate y déjame pasar!

Nos volvemos y ahí está el cliente que nos empuja con su carro, echando el nuestro para atrás y casi derribándonos al suelo. Por la actitud de ese comprador se intuye que será mejor no llevarle la contraria, o saldremos malparados. Él sonríe y se muestra muy satisfecho consigo mismo. Miramos alrededor, a ver si los demás clientes se ponen de nuestra parte. Pero ellos disimulan y pasan de largo como si fuésemos invisibles, como si nadie se hubiera dado cuenta del incidente. En un lugar público, donde podíamos suponernos a salvo, resulta que nuestra seguridad personal se halla seriamente comprometida.

Una confusión de sentimientos —cólera, sorpresa, humillación, desvalimiento, miedo— se apodera de nosotros mientras tratamos de decidir qué vamos a hacer. Es preciso reaccionar de alguna manera. ¿Pedir que comparezca el gerente? ¿Ignorar al agresor? ¿Reclamar nuestro turno en la cola? ¿Llamar a la policía?

Se podrá objetar que esta situación es absurda. En efecto, hay que admitir que no es verosímil entre adultos. No es corriente que se comporten de esta manera las personas adultas, y no toleraríamos ese tipo de actitud. Los niños, en cambio, soportan situaciones parecidas todos los días en el barrio y, sobre todo, en la escuela. Es decir, que en los entornos donde deberían estar a salvo de peligros se hallan expuestos a toda clase de agresiones por parte de otros niños, desde el insulto verbal pasando por el desprecio hasta el ataque físico. Para empeorar las cosas, los adultos no hacen caso o quitan importancia a dichas agresiones, simplemente porque sus instigadores son niños. Como si estuviéramos convencidos de que los niños no pueden hacerse daño en la misma medida que un adulto puede hacérselo a otro adulto o a un menor.

Bullying o «acoso» es el término con que designamos el comportamiento de los que maltratan sistemáticamente a otros seres humanos mediante abuso de fuerza, de autoridad o de superioridad social o intelectual. El término inglés deriva de *bully*, «abusón» o «matón». Como tal, no es una etiqueta que se aplique a los niños exclusivamente, sino a todo el que maltrata a otros, niños o adultos incluyendo al propio cónyuge o pareja. Lo malo que tienen las etiquetas como «abusón» o «víctima» es que confunden el comportamiento con el individuo y en este sentido pueden ser contraproducentes. Cuando etiquetamos a otra persona, la confinamos en ese comportamiento en vez de ayudarla. Cuando etiquetamos a un niño, se refuerza nuestra percepción de que el comportamiento que exhiben en la situación de acoso tiende a ser permanente. Para evitar esa trampa lingüística prefiero referirme a los instigadores del acoso como *niños que acosan* y al niño acosado como *blanco del acoso*. Aunque ambos términos son de manejo algo incómodo al principio, se trata de excluir de antemano cualquier idea de que alguien sea «culpable», así como de hacer posible que los padres trabajen con sus hijos desde una postura más comprensiva.

Clínicamente suele usarse el término *peer abuse*, que significa «ultraje entre coetáneos», pero no está introducida en el lenguaje corriente y de hecho la mayoría de nosotros no lo hemos oído nunca. Sucede que hay muchas figuras de conducta que nuestra sociedad considera inadmisibles actualmente, aunque hayan sido taras de nuestra cultura desde hace decenios o, en algunos casos, incluso desde hace siglos. Identificarlas y darles nombre ha sido el primer paso para concienciar a la opinión pública. Así, por ejemplo, en las situaciones llamadas de «violencia doméstica» es reciente la percepción de que los malos tratos infligidos por personas adultas a los niños (*child abuse*) constituyen un serio problema social. Hasta la década de 1970 apenas se reparaba en ello y, de hecho, se denunciaban muy pocos casos. En 1974 el Congreso estadounidense aprobó una ley para la prevención y la corrección de la violencia contra menores, la *Child Abuse Prevention and Treatment Act*, instituyendo así cierta medida de protección frente al maltrato físico y emocional.

Los padres deseamos que nuestros hijos estén a salvo de peligros, y que les guste ir a la escuela y participar en actividades interesantes para ellos. Que se descubran a sí mismos y que disfruten con sus amigos. En una palabra, deseamos que vivan una infancia feliz. Sin embargo, en las escuelas donde imparto mis cursillos, el alumnado denuncia habitualmente como «un problema grave» la presencia de intimidaciones, coacciones o malos tratos. Da lo mismo que la escuela sea pública o privada, urbana o rural. El acoso entre compañeros constituye una preocupación seria para los alumnos, y se da en todas partes.

Numerosos estudios han señalado las tremendas consecuencias del acoso entre compañeros. En un estudio sobre los niños de una comarca rural del Oeste Medio estadounidense publicado en 1993, un 90 por ciento de los alumnos de cuarto a octavo grado dijeron haber sido blanco de ofensas de palabra o de obra en algún momento de su asistencia a la escuela.[1] Los resultados de otro estudio muy respetado que apareció hacia la misma época indican que un 20 por ciento de los niños que dicen haber sufrido acoso manifiestan que ello les causó serios problemas sociales y emocionales.[2] Según los datos más recientes reunidos por la Asociación Nacional para la Educación y el departamento de Justicia estadounidense, se calcula que todos los días faltan a clase unos 160.000 niños, a fin de evitar las agresiones o las amenazas dirigidas contra ellos por algún compañero o compañeros.[3] Sin embargo, el niño agresor también padece. No sólo muchos de ellos tienen mayores dificultades para controlar su propia impulsividad y las manifestaciones inadecuadas de su cólera, sino que además tienden a ser depresivos y tienen la sensación de hallarse fuera de lugar en la escuela, más a menudo que los compañeros que no acosan a nadie.

La mayoría de los estudios se centra en el tributo emocional que las injurias por compañeros se cobran durante la infancia. Los resultados de los escasos trabajos que han explorado las consecuencias a largo plazo del acoso crónico en cuanto a perspectivas profesionales y de éxito económico desde luego son alarmantes. Tanto los autores de acosos como los que han sido blanco de los mismos presentan inferior rendimiento académico e índices más altos de fracaso escolar, con la consiguiente merma de las expectativas y limitación severa de posibilidades para toda la vida.

El blanco del acoso tiende a manifestar brotes de violencia extrema y no siempre contra sí mismo, sino también contra otros. Es innegable el carácter destructivo del *bullying*, si pasamos revista a las tragedias que derivan de su persistencia crónica. En Florida, hace algunos años, una hermosa mañana encontraron a un muchacho de doce años que se había ahorcado colgándose de un árbol del patio trasero de su casa. Las constantes agresiones verbales de sus compañeros de clase lo empujaron al suicidio. En Georgia, un chico que era objeto de continuas mofas a causa de su gordura se plantó en el aula de su instituto, delante de todos sus compañeros, anunció que no aguantaba más humillaciones, sacó de la mochila de los libros una pistola y se pegó un tiro. Las injurias de palabra fueron suficientes en ambos casos para devorarles al corazón a esos jóvenes.

El curso escolar de 1998-1999 se cerró con una terrible estadística en las escuelas y los institutos de enseñanza media de Estados Unidos. Un denominador común: que muchos de los perpetradores habían sido blanco de violencias crónicas a su vez. Por fortuna, el caso no es corriente entre los destinatarios del *bullying*, pero las tragedias que llegan a conocimiento de la opinión pública dan una idea de la desesperación y los tremendos padecimientos que origina ese tipo de conductas.

Pese a alguna oleada de violencia escolar extrema en años recientes, la escuela sigue siendo un lugar relativamente seguro para los niños. Los casos de violencia física extrema son raros, aunque se recuerdan todavía los de Littleton (Colorado), Paducah (Kentucky), Jonesboro (Arkansas) y Pearl (Mississippi). Pocos niños van a ser víctimas o testigos de semejantes tragedias, pero subsiste el hecho de que nuestros hijos no se hallan todo lo seguros que deberían estar.

A veces los padres de los niños instigadores del acoso se preocupan porque ven que sus hijos no han aprendido a convivir con los demás. Pasan los días en el temor constante a que los llame otra vez la dirección del colegio para hablarles de sus conflictivos vástagos. No entienden el motivo de las conductas inadecuadas de éstos, y sufren la contrariedad de comprobar el fracaso de los repetidos intentos de cambiar esas conductas agresivas. Si alguna vez se les ocurre pensar en el porvenir de esos hijos, fácilmente pueden prever una vida adulta marcada por la violencia y las relaciones disfuncionales, a medida que vayan arraigando las conductas y las actitudes reiteradas. En cambio, otros padres de niños abusones no quieren darse por enterados de que esos comportamientos son graves, y en ocasiones se sienten obligados a justificar o defender los actos de sus hijos.

Los padres de menores que son blanco del acoso temerán que los pequeños sufran repetidos ciclos de malos tratos a manos de sus compañeros, previendo que la autoestima de los maltratados resulte afectada de manera permanente, con la consiguiente incapacidad para formar relaciones personales en la edad adulta.

Como padres que albergamos las más altas esperanzas para nuestros hijos, a veces nos resulta difícil comprender que estamos contribuyendo con nuestras propias actitudes a la conducta de ellos. Los padres del niño instigador del acoso tal vez han servido de modelo para ese comportamiento, al mostrar conductas inadecuadas para enfrentarse a los problemas. «Dar ejemplo» se llama esa figura. Otros padres, sobre todo los excesivamente protectores, suelen adoptar posturas ineficaces cuando tratan de defender a sus hijos, con lo que éstos quedan todavía más señalados como blancos posibles del acoso.

En parte, mis motivos para escribir este libro derivan del acoso verbal que padecí en la infancia. Aparte este penoso rol de blanco del acoso, también fui espectador de otras violencias perpetradas contra otros compañeros. Recuerdo las sensaciones de impotencia y cólera que me invadían al ver cómo maltrataban de palabra a otro chico. Por eso, ahora me duele escuchar las confesiones de los niños acosados. Pero también me compadezco de los que instigan el acoso. Entiendo que lo hacen porque se hallan en un estado de confusión emocional, no porque sean unos «chicos malos». Me entristece, porque conozco el daño nunca confesado que este tipo de agravio inflige a los niños, y también infligirá a los adultos que ellos llegarán a ser. He tenido conversaciones con muchos adultos que acusan depresión, ansiedad, fobias sociales y dificultades de relación, todo lo cual se retrotrae sin demasiada dificultad a los acosos que sufrieron cuando eran niños. Cuando les pregunto a mis clientes adultos si sufrieron acoso en su infancia y en qué medida creen que eso puede haber afectado a su vida, sorprende el número de los que contestan por la afirmativa y dicen haber quedado marcados. En ocasiones parece que estuvieran esperando a que alguien les hiciese la pregunta. Y cada vez que una de estas personas evoca los dolorosos recuerdos de haber sido blanco de la intimidación por parte de sus compañeros, veo corroborada mi opinión de que esa experiencia influye para toda la vida. También he tenido ocasión de aconsejar a muchos que de niños fueron instigadores. Muchos de ellos, de adultos, siguen recurriendo a este tipo de comportamiento destructivo, de lo que resultan relaciones disfuncionales, familias rotas y, en ocasiones, conductas delictivas.

Pocos adultos comprenden que el maltrato de niños por otros niños supone una seria amenaza para la salud mental de la juventud presente, que es la población adulta del mañana. La prevención y el tratamiento tanto para los instigadores como para los que han sido blanco constituyen la próxima frontera en el sector de la sanidad mental. ¿Por qué seguimos admitiendo con tanta facilidad el mito de que una cierta dosis de violencia es normal cuando la comete un niño contra otro, aunque sería reprensible si el autor fuese una persona adulta? Así como en la década de 1970 nos planteamos la cuestión de los niños maltratados por sus mayores o por personas de autoridad, ahora nos toca enfrentarnos a esta otra realidad. La intimidación entre compañeros es un mal social y debe corregirse.

Para conseguirlo, hay que cambiar las normas sociales que toleran la perpetuación del acoso. Y en tal sentido, es fundamental el papel de los padres. Mientras sigamos adheridos a nociones tan erróneas y peligrosas como «los niños siempre serán niños y nada más», «piedras y palos rompen huesos, pero las palabras no pueden herirme» o «que aprendan a imponerse», no podemos esperar otra cosa sino unos ambientes escolares cada vez más violentos. No es fácil dominar la violencia. Como ahora sabemos, el problema no se resuelve con más arcos detectores de metales, leyes más estrictas sobre tenencia de armas ni sentencias más duras contra los autores de delitos violentos. Lo que se necesita para resolver el problema son cambios de actitudes y de comportamientos sociales.

Ahora bien, el cambio social es un proceso lento. La persona que está leyendo estas líneas probablemente busca soluciones para una preocupación urgente de su familia. Tanto los instigadores como los acosados necesitan aprender a aceptarse plenamente a sí mismos tal como son, y aprender a conseguir lo que necesitan o quieren por medio de la cooperación con los demás. En este libro explicaremos cómo se le transmiten al niño las competencias necesarias para sentirse más seguro de sí mismo, para afirmarse en caso necesario, para asimilar de manera adecuada los enfados y contrariedades, y para llevarse bien con los demás.

En tanto que padres, somos educadores principales de nuestros hijos. Es esencial enseñar activamente compasión, empatía, asertividad, respeto de sí mismos a nuestros hijos. Lo que significa dar ejemplo. Si los ayudamos a modificar su comportamiento, habremos avanzado un gran paso hacia una próxima generación que vivirá mejor y será más productiva. Las enseñanzas que debemos transmitir difieren según el niño sea blanco de abusos o abusón, pero todos tienen necesidad de entenderse a sí mismos y entre sí.

Primera parte

El problema del acoso escolar

Capítulo 1

Qué es el acoso escolar

Según el Eclesiastés, no hay nada nuevo bajo el sol. Se dan ahora los mismos tipos de acoso escolar que existían cuando yo era niño, hace unos cuarenta años. Las únicas diferencias son que hoy, el *bullying* es más intenso, los matices sexuales intervienen más pronto y el fenómeno en general ofrece más peligro debido a una creciente brutalidad social e insensibilización ante la violencia.

No todos los conflictos entran en la clasificación de acoso escolar. Los niños siempre discutirán y pelearán. La conflictividad normal cruza la línea y se convierte en acoso cuando se cumplen ciertos criterios. Uno de los dos supuestos que describo a continuación constituye acoso y el otro no.

Supuesto 1

Sam es un muchacho de cuarto grado y quiere jugar a fútbol sala, pero Kevin dice que no puede ser, porque es demasiado lento. Sam, que nunca había tenido antes ningún problema con Kevin, dice que no importa. Aunque sea lento, desea jugar a fútbol sala. Sam le arrebata el balón a Kevin y afirma que va a empezar a jugar. Kevin le da un empujón a Sam que lo derriba al suelo, y empiezan a pelear.

Supuesto 2

Alex, otro chico de cuarto, también quiere jugar a fútbol sala. Es uno de los muchachos más corpulentos de la clase, pero desgarbado y torpón para los deportes. Le participa a Geoffrey su deseo de jugar y Geoffrey dice que de acuerdo, pero Kevin se pone a gritar que Alex no puede jugar «porque es un afeminado y chuta como una niña». Dicho esto, Kevin se echa a reír, y otros compañeros le ríen también la gracia. Geoffrey no ríe, pero tampoco defiende a Alex. Éste dice «muy bien», y va a sentarse en un lugar alejado, dando la espalda a la cancha. Está avergonzado y contrariado, porque van tres días seguidos que Kevin le llama afeminado y lo humilla durante la hora del recreo.

La primera de estas situaciones implicaba un conflicto mal encarado entre los dos muchachos, pero no era de acoso escolar. A esta edad de 9 o 10 años, las riñas entre chicos no son raras. De vez en cuando se producen peleas, mientras ellos poco a poco van aprendiendo a resolver sus diferencias de maneras más aceptables socialmente. En este caso riñeron de igual a igual. A Sam no le intimida Kevin. Sam ha defendido claramente su postura frente a Kevin y no va a abandonar su intento por mucho que Kevin quiera excluirlo del juego.

El segundo supuesto encaja con nuestra definición del acoso escolar: *El acoso se produce cuando uno o varios de los protagonistas se complacen en un abuso de poder que perjudica reiterada y sistemáticamente a otros.* Vamos a descomponer esta definición en tres criterios:

1. **Los *actos negativos* contra el chico son *reiterados y sistemáticos.*** La naturaleza infantil es robusta y por lo general asimila sin problemas los incidentes aislados y esporádicos de maldad, como hizo Sam en nuestro primer supuesto. En cambio, el acoso significa que los abusos se repiten regularmente, siempre por la misma razón, lo que va erosionando la autoes-

tima del niño. En el caso de Kevin y Alex, estamos en la tercera vez que el primero atacó al segundo, siempre por lo mismo y en una misma semana. Y como suele ocurrirle al que es blanco del acoso, cada vez Alex se sintió un poco más humillado que la anterior.

2. **Debe existir un *desequilibrio* entre el niño que instiga el acoso y el blanco del mismo.** El primero es más fuerte en lo físico, en lo verbal o en lo social. El blanco del acoso se siente arrollado, incapaz de replicar. Importa tener en cuenta que la superioridad no siempre se refiere a la fuerza física. A veces, un chico más menudo consigue humillar e intimidar a otro más corpulento porque éste no tiene la soltura de palabra necesaria para replicar con aplomo. Así, aunque Alex era más fuerte que la mayoría de sus compañeros de clase, la malicia de Kevin lo derrotaba con facilidad, al dar en un punto sensible cuando le llamaba afeminado, a lo que Alex no acertaba a responder. Tener pocos amigos, ser poco apreciado por el resto de la clase o carecer de seguridad en uno mismo también pueden ser motivos de desequilibrio social entre dos niños.

3. **Como resultado del episodio de acoso, se produce un *contraste de sentimientos* entre el que induce el abuso y el blanco.** El abusón se halla en un estado de excitación gozosa. Sale del encuentro sintiéndose poderoso o divertido, mientras que el blanco queda intimidado, avergonzado y ofendido. En el caso de Sam y Kevin no hay contraste de sentimientos. Ambos están furiosos y decididos a pelear. En el otro enfrentamiento, en cambio, mientras Kevin ríe muy complacido consigo mismo, Alex se siente torpe y acobardado, lo que lo induce a consentir la humillación y a alejarse del grupo. Es frecuente que el blanco se retire ofendido y furioso cuando se lo acosa, pero si intenta replicar, a menudo el acusador replica con actitudes de indiferencia o de burla, lo que suele redoblar la humillación.

El acoso escolar comprende una gama muy diversa de conductas que pueden clasificarse en tres categorías: el acoso físico, el verbal y el relacional.

El acoso físico

Cuando se dialoga con alumnos de la escuela elemental o de la enseñanza media y se les pide su definición del acoso escolar, los ejemplos de malos tratos físicos son casi siempre los primeros que acuden a la discusión. Entre las formas habituales de acoso físico figuran las patadas, los empujones, los golpes con las manos, los escupitajos, los tirones de pelo, los mordiscos y encerrar al chico echando la llave por fuera. En los últimos cursos de la escuela elemental, el acoso físico se hace más violento y empieza a intervenir el elemento sexual. Se hacen más comunes las acciones humillantes como meter la cabeza de la víctima en la taza del inodoro y tirar de la cadena, el «paso de la reina» o tirar de la pretina de los calzoncillos, «hacer la vaca» o quitar los pantalones, y bajarles las bragas a las niñas. Los tocamientos sexuales no deseados son un problema corriente para las niñas, sobre todo las que se han desarrollado más en comparación con otras de su edad, y que llaman la atención a los chicos. A medida que éstos se desarrollan físicamente, aumentan la masa muscular y la fuerza física. Los malos tratos cobran mayor intensidad, y pueden llegar a resultar peligrosos cuando los muchachos mayores combinan el acoso con ideologías de odio, como sucede en los grupos supremacistas y en los homófobos que se dedican a perseguir homosexuales reales o supuestos. Con el tiempo harán su aparición las armas blancas —de lo cual vamos teniendo abundantes ejemplos en las escuelas de Estados Unidos— y algunas veces las de fuego.

De entre los distintos tipos de acoso escolar, la ofensa física es el de más fácil identificación. Es fácil ver cuándo alguien ha sido maltratado. Es también el tipo de acoso que concitará mayor acuerdo en cuanto a su realidad como tal. En nuestra sociedad todavía se quita importancia a los abusos emocionales, pero casi todo el mundo admite que no se puede tolerar la agresión física.

El acoso verbal

El que inventó el refrán «piedras y palos rompen huesos, pero las palabras no pueden herirme», probablemente no había pasado nunca por la experiencia del acoso verbal. Decirles a los niños que las palabras no hieren, es mentirles. A nadie agrada que le digan palabras insultantes. Las amenazas verbales, los insultos, las burlas crueles acerca de la indumentaria, del aspecto físico, de la raza, del origen étnico, de algún defecto o anomalía visible, o de alguna rareza del habla o de la conducta, son siempre hirientes y forman parte del acoso verbal. El niño es aún más sensible que el adulto a este tipo de agresión, porque no tiene todavía una noción consolidada de su propia personalidad. Precisamente los comentarios de sus iguales desempeñan una función crítica para la formación de esa personalidad, según la especialista en psicología del desarrollo Lesa Rae Vartanian, quien asevera que «la palabra del otro es agua que uno lleva a su propio molino».[1] Los niños hacen caso de lo que les dicen sus compañeros, su opinión es importante para ellos, así como parecerse a los demás. El niño es un ser en formación. Las palabras de sus compañeros de edad le dicen lo que ellos piensan de él, pero también cómo debería ser y cómo será. Si en clase le repiten constantemente a la adolescente de 13 o 14 años que es gorda y fea, no sólo se abstendrá de presentarse a las pruebas de selección para los equipos deportivos de la escuela, sino que a lo peor se convierte en anoréxica para demostrarles a sus detractoras que están equivocadas. Un muchacho de diez años calificado de torpe tal vez desistirá de jugar al baloncesto, y tal vez empezará a experimentar con las drogas cuando sea un adolescente, como recurso para encajar en alguna parte puesto que no se le permite identificarse con los atletas de la escuela.

La injuria de palabra es la forma más frecuente de acoso entre adolescentes de ambos sexos. Una de las diferencias entre el niño de ocho años y el adolescente de quince estriba en el grado de dominio del lenguaje. Mientras el primero tal vez dirá algo por el estilo de «Robertito eres tonto», el segundo quizá diría en tono irónico: «¡Eh! Cuidado. Por ahí viene Robertito. No le digáis nada, ya sabéis que es un poco discapacitado mental».

El acoso tiende a empeorar con la edad, y en el instituto puede llegar a ser brutal. Cuando pregunto a los estudiantes qué es lo que más les preocupa cuando van a clase, las respuestas se adivinan sin dificultad:

- «¡Es que los chicos son tan brutos! En nuestra escuela, si eres una chica, te llaman "pendón" y "puta" cuando tienes novio, o "petardo" y "tarasca" cuando no lo tienes.»
- «Aborrezco ir a clase de gimnasia, porque todos los días me llaman culigordo.»
- «La escuela es tremenda para algunos chicos. A veces me pongo a llorar cuando pienso en una amiga mía a la que le dicen de todo porque tiene la cara llena de granos. No es culpa suya.»

El instigador del acoso verbal tiene más probabilidades de quedar impune que los autores de violencias físicas. De todos los tipos de acoso, éste es el más rápido en su ejecución, y puede revestir formas muy sutiles. A veces ocurre ante las mismas narices de los maestros y otros adultos. Algunos de éstos, si es que llegan a darse cuenta, dicen que son «bromas». Ese nombre debe reservarse a las situaciones lúdicas en las que todos los participantes se divierten y pasan un buen rato sin ninguna intención de herir los sentimientos de nadie. Cuando un niño está siendo acosado verbalmente, importa identificar la situación como genuino acoso, para que se comprenda bien la gravedad de la situación y para hacérsela entender tanto al instigador como a los espectadores pasivos, al tiempo que se presta apoyo activo al blanco del acoso.

El acoso verbal nunca es banal, ni venial, ni ingenioso, ni divertido. Es una forma poderosa y dañina de maltrato emocional y puede afectar negativamente a la persona para toda la vida.

El acoso relacional

El ostracismo, es decir el destierro de quien no encaja en nuestras pautas, probablemente ha existido siempre entre humanos. La exclusión formal, tal como la hallamos en los grupos religiosos o las organizaciones de trabajadores, se percibe por parte de los participantes, la mayoría de las veces, como revestida de una función social útil: asegurar la unidad del grupo y reforzar los valores que éste propugna. La palabra «ostracismo» proviene del griego antiguo *ostraka*, denominación de unas conchas de arcilla en las que se escribía el nombre de la persona a desterrar de la comunidad. Estos votos se recontaban luego y documentaban formalmente la decisión. Algunos grupos religiosos, como la tradicionalista secta de los amish, también practican la exclusión formal cuando un miembro de la comunidad quebranta una regla inviolable. Una vez pronunciada, nadie de la comunidad, ni siquiera los parientes del excluido, puede dirigirle la palabra ni tener ningún trato con él en adelante. Separamos a los que vulneran normas inquebrantables para evitar que sigan teniendo contacto con la sociedad. La exclusión no siempre es justa, y dista de constituir una solución ideal, pero sirve al menos para dejar sentado que no serán tolerados aquellos comportamientos antisociales que amenazan con una perturbación grave del equilibrio social.

A diferencia de la exclusión formal, como mecanismo empleado por la sociedad con el fin de reprimir comportamientos antisociales y, por consiguiente, mejorar la calidad de vida en su seno, la exclusión entre jóvenes no es más que una arbitrariedad cruel. Un joven puede verse discriminado por su aspecto, su manera de actuar o su manera de pensar. Este tipo de exclusión no tiende a evitar un comportamiento antisocial: es comportamiento antisocial en sí misma. Es una forma de acoso relacional. La discriminación señala con claridad quién pertenece a una cultura y quién no, y castiga a los que no cumplen con los criterios de pertenencia a la misma tratándolos como si hubieran dejado de existir. Es un tipo de acoso por los compañeros muy frecuente entre las chicas que están entrando en la pubertad. A veces el acoso relacional empieza con motivo de un altercado menor o antipatía entre dos alumnas. Las espectadoras se asocian a una de ellas bajo la consigna de «vamos a enseñarle a Sara lo que vale un peine». En algunos casos rehuyen la mirada de la discriminada o no le contestan cuando ella les dirige la palabra. En el escenario escolar, y sobre todo cuando las menores entran en la adolescencia, los efectos de este «ninguneo» pueden ser muy devastadores para la autoestima de la afectada. A estas edades, cuando las y los adolescentes empiezan a romper con el entorno familiar y forman sus identidades en el interior de su grupo social, necesitan espacio para explorar y reconocerse sin exponerse a un juicio incesante. Verse activamente rechazados y aislados en este momento, en que se atribuye máxima importancia a la aceptación por los compañeros, puede ser atroz. Las consecuencias se manifiestan en forma de problemas psiquiátricos diversos, entre los cuales figura la depresión o el recurso al alcohol u otras drogas para olvidar la sensación alienante.

El rumor, que es otra forma de acoso relacional, puede revestir formas como la puesta en circulación de hablillas maliciosas o de calumnias, éstas difundidas a veces mediante anónimos que aparecen en los lugares más frecuentados, como la cantina, los vestuarios o el tablón de anuncios. A primera vista el rumor parece recaer en la categoría del acoso verbal, pero hay una diferencia importante. En el acoso verbal la injuria hiere al blanco directamente, cara a cara, podríamos decir. En cambio el rumor ofende por vía indirecta, aunque el resultado no sea menos perjudicial. El blanco de los rumores acusa los mismos efectos de alienación y rechazo, pero muchas veces sin saber por qué, dado que no se entera de quién está hablando mal de él o de ella.

El acoso relacional prospera en los ambientes que separan y clasifican a los jóvenes en pandillas. Este sistema siempre ha formado parte de la cultura escolar y estudiantil de la juventud norteamericana. La pandilla o peña le proporciona al joven la ocasión de afiliarse, de sentirse aceptado, de formar parte de un grupo especial. En el instituto forman grupos diferenciados los bailones, los atletas, los surferos, los empollones, los normales, los pintores de grafittis, los drogatas. En algunos establecimientos la pandilla adquiere organización de banda. Aparecen entonces los cabezas peladas, los anarcos tentados por el nihilismo y en ocasiones incluso por el satanismo, las bandas étnicas y las que albergan ideologías supremacistas. La banda juvenil que ha entrado en actividades delictivas es una expresión especialmente peligrosa de todas estas tendencias. En tiempos fueron, sobre todo, un problema de las grandes ciudades, pero actualmente han llegado también a los institutos de provincias y al medio rural.

Algunos grupos promueven valores en apariencia positivos, como el deporte o el rendimiento académico, pero otros no, evidentemente. El verdadero problema que presenta la pandilla es que se les solicita a los menores que piensen y se comporten de una manera determinada. Los excluidos o los que no se integran en ninguna pandilla muchas veces se hallan sometidos a un acoso relacional odioso y persistente. Puede darse el caso de que constituyan a su vez un grupo dedicado a comportamientos malsanos o peligrosos. En los últimos cursos, sobre todo, es posible que aparezcan tensiones fuertes entre pandillas situadas en extremos opuestos ideológicos o de la escala social.

Acoso escolar y humorismo

En su variante más insidiosa, el acoso implica un sentido del humor especialmente cruel. Cuando el humorismo se asocia a la violencia con un sentido de mofa en la situación de acoso, puede ocurrir que el niño se insensibilice ante el dolor de los demás.

Al igual que es imposible sentir simpatía emocional y cólera al mismo tiempo, tampoco el humor cruel es compatible con la empatía para con el prójimo. Por tanto, cuando una situación de acoso le parece graciosa al niño —por ejemplo, si considera humorístico que le llamen constantemente «Gordito Relleno» a uno de sus compañeros, o que es divertido meter la cabeza de una niña en la taza del inodoro—, todo sucede como si no estuviera asistiendo a una dolorosa realidad, sino como si contemplase una película que se proyecta para jolgorio general. Entonces no ve el sufrimiento de un ser humano, y como consecuencia de esa desensibilización, los espectadores asisten con creciente indiferencia a los abusos perpetrados por otros. Con lo que aumenta la probabilidad de que resulten impunes y se repitan. Por las risas, el perpetrador nota que tiene al público de su parte, y además se refuerza su impresión de no estar haciendo nada malo en realidad. Por supuesto, el blanco del acoso sufre más todavía, puesto que el suceso lógicamente ha de inducirle a perder la fe en la compasión de los demás. Y acaba convencido o convencida de que sus tribulaciones no le importan a nadie.

Los actos de violencia inquietan a la mayoría de los adultos, pero el acoso entre coetáneos —niños o adultos— disfruta de una tolerancia excesiva entre nosotros. Cualquier forma de acoso que sea tolerada, persistirá. Por tanto, no debería sorprendernos que suceda con tanta frecuencia y no sólo en la escuela, sino en todos los lugares donde los menores se reúnen. Es un problema entre los niños porque es un problema de la sociedad en general. Para reducir o eliminar el acoso escolar tendremos que fijarnos en las causas subyacentes, en los fundamentos sociales que aportan un terreno propicio. Sólo así llegaremos a entender de qué maneras los adultos podemos contribuir a romper el círculo vicioso de las injurias de palabra, obra u omisión.

Capítulo 2

Actitudes de la sociedad ante el acoso

Todo niño y todo adulto tienen derecho a ser tratados con respeto. Todos los días, sin embargo, nuestros hijos asimilan actitudes sociales que en ocasiones no se limitan a quitar hierro a la intolerancia o negar que esté presente, sino que incluso la abrazan. Si queremos descubrir dónde han aprendido nuestros hijos a ser crueles con sus compañeros, no hace falta mirar más allá de nuestros periódicos, nuestras películas, nuestra televisión. Estamos en una sociedad violenta.

En Estados Unidos, una de cada tres muertes no naturales se debe a la violencia intencionada.[1] En 1997 las armas de fuego fueron la tercera causa principal de fallecimiento entre los niños de diez a catorce años de edad, y la segunda para los jóvenes de quince a veinticuatro.[2] En ese mismo año, la cifra de mortalidad estadounidense por arma de fuego entre los niños de catorce años o menos era veinte veces superior a la mortalidad agregada de veinticinco países industrializados por la misma causa.[3]

Pese a tan sobrecogedora estadística de muertes violentas, la mayoría de los adultos rechaza la violencia que se halla entretejida en la trama de la sociedad. Lo que pasa es que están insensibilizados. Para que la opinión pública se conmueva tiene que pasar algo muy grave, algún acto muy extremo como tiroteos en las escuelas o torturas resultantes de la intolerancia racial o sexual. El margen de atención de esa opinión pública, sin embargo, es de apenas unas semanas, hasta que se disipa el alboroto mediático.

Hemos aprendido a hacer oídos sordos a buena parte de la violencia. Pero, por más que hagamos oídos sordos, ella no desaparece sino que sigue ahí, e irá a peor si no se hace algo en relación con las causas subyacentes. Una de las principales cuando no la principal es nuestra actitud de restar importancia al abuso escolar. Si consideramos que la falta de respeto puede pasarse por alto o desdeñarse, y seguimos tolerando las conductas de acoso, no conseguiremos crear comunidades más apacibles y compasivas en nuestras escuelas y vecindarios. Y la ausencia de comunidades pacíficas y compasivas, a su vez, da lugar a un número creciente de situaciones de acoso entre niños que serán incapaces de comprender las graves consecuencias de su comportamiento violento.

Mirando a otro lado

Los niños experimentan la violencia más comúnmente en forma de acoso, y el escenario más habitual del mismo suele ser la escuela. El factor disuasorio más eficaz es la intervención de los adultos. Pero muchos adultos, entre los cuales algunos educadores, creen que el acoso escolar es un asunto intrascendente. No intervenimos con asiduidad suficiente a favor de los niños acosados, aunque probablemente lo haríamos para defender a una persona adulta en situación de ser intimidada por un compañero de trabajo o por su pareja. Muchos adultos desearían terminar con todas las formas de acoso, pero incluso los más concienciados suelen restar importancia a las quejas calificándolas de reacciones exageradas. A veces hacen burla del que ha sido blanco del acoso, por quejica o por no haber sabido defenderse. Cuando preguntamos con qué frecuencia interviene el personal docente en las situaciones de acoso, los alumnos de un estudio contestaron que un 25 por ciento de las veces. Al plantearles la misma pregunta a los enseñantes, ellos aseguran que intervienen siempre (71 por ciento de las respuestas).[4] Es trágico, pero muchos estudiantes no creen que interviniese nadie, ni sus padres ni la autoridad escolar adulta, en caso de que ellos tuviesen algún problema de acoso.[5] Abundan las ideas erróneas en relación con lo que es el acoso escolar y lo que debería hacerse al respecto. Para comprender que se trata en realidad de un fenómeno serio, antes hay que disipar esos mitos.

Mitos acerca del acoso escolar

Mito primero: El acoso escolar es violencia física

Cuando se les pide a los jóvenes una definición del acoso escolar, las primeras respuestas suelen referirse a las peleas, los puñetazos, los empujones, los puntapiés. Lo mismo que la mayoría de los adultos, estos menores creen que se les está hablando de los enfrentamientos físicos. En realidad las injurias de palabra intervienen con más frecuencia que la agresión física. La forma más corriente de acoso escolar consiste en insultos. Cuando los niños pasan de los grados elementales a los medios y superiores aumenta la frecuencia del acoso relacional, sobre todo entre las niñas. Pocas personas reconocen que insultar o hacer el vacío sean formas de acoso. Esto es así, en mi opinión, porque nuestra sociedad exhibe una gran tolerancia ante la agresión emocional. En la televisión vemos «periodistas agresivos» que se hacen famosos por su habilidad para intimidar a los entrevistados, y espectáculos de humor especializados en el chiste insultante. Sepamos distinguir todos los tipos de acoso para eliminar la ambigüedad que causa sufrimientos a nuestros hijos.

Mito segundo: Son juegos de niños

Toby era un chico obeso de diez años de edad y estaba siendo blanco de las burlas de un reducido grupo de compañeros. Cierto día que el profesor de educación física dejó el gimnasio unos momentos, al regresar encontró que Toby estaba colgado a seis metros de altura, ya que había trepado hasta lo más alto de la cuerda. Al pie de ésta, el mismo trío de siempre lo desafiaba a bajar.

—¡Eh, bola de sebo! ¡Baja tu gordo trasero de ahí!

Un grupito de mirones asistía a la escena riendo, mientras que la mayoría de la clase permanecía en un segundo plano haciendo como que no se daba cuenta de la situación. Toby se había encaramado por la cuerda ante la amenaza de quitarle los pantalones y sacarlo en cueros al vestíbulo. Cuando el director de la escuela les reclamó a los tres perpetradores una explicación de su comportamiento, uno de ellos dijo que era un juego y que no tenían ninguna mala intención.

Debemos impedir que nadie se libre con la socorrida excusa de que «ha sido una broma» o «estábamos jugando». Ciertamente el juego es necesario para que los niños adquieran las competencias sociales. Mediante el juego y los deportes se aprende a cooperar, a compartir, así como el respeto mutuo y la reciprocidad. Las burlas humorísticas entre hermanos o amigos pueden ser una manera de demostrarse mutuo afecto, como si dijeran «cuando estamos juntos, podemos relajarnos y no hace falta que nos tomemos tan en serio a nosotros mismos». Pero cuando se ofende a uno, sea de palabra o de obra, eso nunca tiene gracia y siempre debe tomarse muy en serio.

Mito tercero: El acoso es una vía normal para ventilar conflictos

Cuando Jennifer, una chica de nueve años muy popular entre sus compañeras, llamó «negra de mierda» a una recién ingresada y le escupió, el jefe de estudios llamó a la madre. El lenguaje racista y el comportamiento de Jennifer vulneraban la política de «tolerancia cero» asumida por la escuela en relación con el acoso escolar. Cuando la madre de Jennifer se presentó en el despacho del director y se enteró de lo ocurrido, se limitó a sonreír con simpatía y dijo:

—Sí, he hablado de esto con la niña muchas veces. No sé qué mosca le ha picado... Pero usted ya sabe —agregó con exagerado suspiro—. No se puede luchar contra estas cosas... los niños siempre serán niños.

La conflictividad e incluso la agresividad son aspectos inevitables de toda relación entre niños provista de verdadero contenido. Y aprender cómo se resuelven los conflictos es una de las competencias sociales que todo niño debe adquirir mientras va madurando. No es tan fácil aprender a tomar y ceder. El egocentrismo normal propio de los niños constituye un primer obstáculo para resolver conflictos dentro del respeto mutuo. Es natural que los niños de corta edad tengan una visión ptolemaica del mundo. Es decir, que así como los antiguos creyeron que el Sol y todo el resto del universo giraban alrededor de la Tierra, también cada niño cree que todo gira alrededor de él. La cooperación, la empatía y el compromiso requieren un aprendizaje lleno de conflictos. En el jardín de infancia, antes de los cinco años de edad, los pequeños no suelen pensar en los demás. Los juegos y la elección de amigos se basan en conseguir lo que uno quiere. Cuando esa necesidad se ve contrariada, la reacción habitual es el rechazo contra el otro.

Al abusón, sin embargo, no le interesa este mecanismo de tomar y ceder mutuamente. Lo que él hace es fijarse en alguien que sea más débil en lo físico, en lo intelectual o en lo social, para atormentarlo. De ello extrae una sensación de superioridad, de derecho adquirido. A diferencia del niño de corta edad, que rechaza a un compañero por egoísmo, el instigador del acoso rechaza al otro porque se considera *superior* a él y, por consiguiente, cree tener *derecho* a intimidarlo.

Como el abusón no ha desarrollado la socialización normalmente, no es exacto decir que «son cosas de niños» para explicar el comportamiento abusivo. Esa racionalización peligrosa de las conductas crueles hace posible que el acoso se perpetúe amparado en la excusa de una supuesta normalidad. Normalizar el comportamiento abusivo es, prácticamente, garantizar que continuará. Hay que exigirles a los niños, aunque sean de corta edad, la responsabilidad por estas conductas. Entre otras cosas, para que aprendan que no se les van a consentir.

MITO CUARTO: EL ACOSO ESCOLAR ES COSA DE MUCHACHOS

La mayoría de los adultos, invitados a conjurar la figura del abusón, describen a un chico. Es verdad que los chicos tienden a ser más activos físicamente que las chicas, de modo que sus actividades en la escuela y en el barrio resultan más visibles. También suelen confesar de buena gana sus abusos, e incluso envanecerse de ellos, lo que es más frecuente en los grados medios y superiores. Pero también hay acoso entre las chicas, que pueden ser tan crueles como los muchachos. Aunque las ofensas por acción son menos frecuentes entre ellas, lo compensan con el acoso verbal y son más propensas que los chicos a utilizar procedimientos de acoso relacional como las insidias y la exclusión.

También existe el acoso escolar entre chicos y chicas, de ellos a ellas o viceversa. Este tipo de acoso suele tener una connotación sexual incluso entre menores de muy corta edad. Es acoso sexual toda injuria sexual de palabra o de obra. He aquí algunos ejemplos:

- Una niña de seis años se burla de un compañero de la misma edad diciendo que es un chico pero lanza la pelota «como las niñas».
- Un muchacho de nueve años dice de una compañera de clase que es una «sobona».
- Una adolescente de doce años está con el grupo de amigas, hablando de sus chicos favoritos. Pasa un compañero. Una de las chicas lo señala riendo y dice: «Y ése, ¿qué?». Otra de ellas responde: «Ése, ¡nada de nada!». Todas ríen.
- Chica de diez años humillada con frecuencia en clase por un par de chicos que le dirigen miradas y hacen comentarios obscenos en voz alta.

Mito quinto: Acosar o ser acosado no hace ningún daño duradero

Las injurias a cargo de compañeros se han normalizado hasta tal punto que muchos adultos no quieren creer que afecten a la personalidad incipiente del niño en ninguna medida seria ni duradera. Se tiende a considerar el acoso escolar como síntoma de una fase provisional, a superar por los menores conforme vayan desarrollándose.

Es verdad que los niños superan de manera espontánea ciertas conductas y actitudes. Pero la pauta disfuncional del acoso no es una de ésas. Las consecuencias de los abusos tienden a durar toda la vida si no se interviene pronto para corregirlas. Los adultos antisociales han sido antes, por lo general, niños antisociales. En tanto que sociedad, es peligrosa para nosotros la creencia de que el acoso escolar sea una etapa que los niños superan espontáneamente. Las cárceles se hallan abarrotadas de adultos que fueron en otro tiempo niños abusones.

No obstante, y aunque los niños no superen esa etapa por su cuenta, sí es posible *ayudarlos* a conseguirlo y evitar los problemas subsiguientes. El acoso es un comportamiento aprendido, y ésa es la buena noticia, porque todo comportamiento adquirido por aprendizaje puede ser cambiado. Pero si nadie se fija en las pautas abusivas, el niño que hoy instiga el acoso en los patios de las escuelas mañana puede llegar a ser el matón del barrio, el prepotente de la empresa, el maltratador de niños, el vecino racista.

De manera similar, el que ha sido blanco de abusos en la infancia no se libra tan fácilmente de los efectos secundarios. Cerca de la cuarta parte de los clientes que me consultan por síntomas de depresión o de ansiedad, de percepción distorsionada de la propia imagen corporal, de adicciones diversas o de problemas de relación, dicen haber tenido una infancia desgraciada por causa del acoso, y tienen bien clara la vinculación entre sus problemas actuales y los traumas infantiles.

Mito sexto: El acoso se observa sólo en los niños

Se cree demasiado a menudo que el acoso es una anomalía típica de la infancia, lo que es pasar por alto la realidad de que algunos adultos también se creen con derecho a abusar de su poder para intimidar al otro física, verbal o socialmente. En una palabra, también son unos abusones. Por lo general no los consideramos como tales, sino que decimos que su conducta es ruda, desconsiderada o tal vez ilegal. Sin embargo, el acoso escolar existe porque también existe el acoso entre adultos. Es así de sencillo: el papel de abusón se aprende copiando los modelos adultos. Entre los que sustentan esos modelos de rol figuran los padres, los enseñantes, los famosos del deporte y de los medios, y otros muchos adultos que ejercen influencia sobre la vida de los menores. El hombre o la mujer que intimidan a su cónyuge o pareja, el jugador de hockey que intencionadamente levanta el stick más de lo debido, son otros tantos modelos de acoso físico. Pero, al igual que ocurre entre los niños, ésta no es la forma habitual de acoso entre adultos. Muchos adultos tienen prejuicios y transmiten a los niños la creencia de que son superiores a otros de diferente extracción socieconómica, étnica o racial, o de diferente grupo religioso. En ciertos círculos de la sociedad adulta el acoso está muy difundido y aceptado, en ocasiones disfrazado de humorismo expresado a través de bromas y chistes denigrantes.

Mito séptimo: Soportar el acoso le curte a uno

En los preocupantes resultados de una encuesta entre alumnos de las escuelas elementales del Medio Oeste publicada en 1994, una nítida mayoría asintió a la proposición de que el blanco del acoso «se lo ha buscado» por ser demasiado pasivo, por no replicar a la adhesión o por ser diferente de los demás.Y no sólo eso, sino que además el acoso «curte» a los débiles y los enseña a ser fuertes.[6] Eso de que «curte» se interpreta como que ayuda a construir una imagen de sí mismo más positiva y enseña a enfrentarse a la dificultades de la vida. Pero, en contra de esa creencia muy difundida tanto entre los niños como entre los adultos, el acoso escolar no curte o templa a nadie. Soportar el acoso no sirve para que el niño construya una autoimagen más fuerte, como tampoco el adulto tiene mejor concepto de sí mismo después de haber sido víctima de un atraco. O mejor dicho, el efecto es totalmente contrario. El niño que ha sido blanco de acoso escolar padece depresiones con más frecuencia y tiene menos autoestima. Es también más propenso a sufrir fobias y estados de ansiedad. Ese niño, si no se le enseñan técnicas asertivas adecuadas, perderá la capacidad para desenvolverse solo en la vida.

Mito octavo: El acoso escolar viene a ser un rito de paso

Acosar o ser acosado se contempla con frecuencia, sobre todo entre adolescentes, como una especie de prueba, a ver si uno es capaz de enfrentar la dureza percibida de la vida. Esta actitud se basa en el razonamiento erróneo de que el sujeto capaz de soportar un acoso, o de acosar a otros, está preparado para entrar en una etapa superior.

En el transcurso de la historia, muchas culturas han ofrecido a los adolescentes algún rito de paso destinado a marcar la transición entre la minoría de edad y la condición de adulto. Además el rito de paso era la ceremonia que celebraba esa transición. Una vez cumplido, el o la adolescente asumía su identidad definitiva de hombre o de mujer. Entre nosotros sobreviven algunos de estos ritos, pero en la sociedad moderna la mayoría de ellos han quedado relegados a un lugar periférico en la conciencia que el joven tiene de sí mismo. Para algunas personas, el examen final del instituto o la culminación de la carrera universitaria, el matrimonio o el nacimiento del primer hijo eran los eventos memorables que señalaban el ingreso en la edad adulta. En la sociedad contemporánea, sin embargo, todo va demasiado rápido y ya no se presta atención a esos acontecimientos transicionales.

Siguen siendo experiencias importantes de la vida para el protagonista, pero han perdido la mayor parte de la importancia social que tenían en otros tiempos. En ausencia de ritos de paso reconocidos socialmente, parece que hay entre los jóvenes, por desgracia, una aceptación tácita en el sentido de que el acoso entre compañeros viene a suplir esa necesidad. Ejemplo bien claro de lo dicho es la práctica de las «novatadas». Los jóvenes deseosos de ser admitidos en las filas de ciertas unidades militares, cofradías universitarias o clubes deportivos deben mostrarse capaces de soportar abusos. Por ejemplo, realizar actos humillantes, o moralmente degradantes, o físicamente peligrosos (como ingerir una cantidad fatal o casi fatal de alcohol, que es una de las novatadas más habituales). Pero los abusos en cuestión no contribuyen a la evolución del joven hacia la edad adulta en ningún sentido, de modo que las actividades incluidas en este tipo de acoso carecen de valor como ritos de paso.

Mito noveno: En el acoso, el problema lo tiene el acosado

Josh, de diez años, es flaco y nada aficionado a los deportes. Un día lo arrinconaron en el patio entre varios condiscípulos de su edad y algunos algo mayores. Lo derribaron al suelo y uno de sus adversarios le dio una patada. Otro arrojó sus libros a un lado. Acudieron más niños y se formó un tumulto en el que destacaban los gritos de «nenaza» y «mariquita». Algunos de los chicos se limitaban a mirar sin decir nada, y no intervinieron. Hasta que uno de los profesores oyó el alboroto y se acercó a toda prisa para imponer el orden. Los mirones fueron invitados a dispersarse. Ante la dificultad de averiguar quiénes habían proferido insultos verbales, las averiguaciones se centraron en los responsables de violencias físicas, quienes tuvieron que comparecer ante el director para explicar su conducta. Los padres fueron convocados. De acuerdo con el reglamento de la escuela, los abusones recibieron un arresto de tres días. Josh también habló con el director y luego fue derivado hacia el psicólogo asesor del establecimiento, quien después de entrevistarlo durante media hora dispuso un régimen de dos visitas semanales de una hora, con el fin de restablecer la autoestima del muchacho.

Habiendo atendido de esta manera a la autoestima de Josh, los responsables de la escuela consideraron que el problema quedaba efectivamente resuelto. Pero no lo estaba. Habían olvidado las necesidades emocionales de los demás protagonistas del incidente. En la mayoría de estos casos, casi todo el mundo se centra en ayudar al que ha sido blanco del acoso. Pero también hay que prestar atención a las otras víctimas del mismo, que son los espectadores y los instigadores.

Según promedios estadísticos, en una escuela corriente el 60 por ciento del alumnado no es ni abusador ni blanco del abuso, pero sí testigo presencial.[7] Los adultos no suelen hacer caso de los mirones, aunque cuando se interroga a éstos también se dicen profundamente afectados. A menudo declaran que les habría gustado hacer algo, pero no supieron cómo conducirse y además tuvieron miedo de que la agresión se volviese contra ellos. Aunque no han tomado parte activamente, tienen la sensación de haber contribuido de alguna manera al abuso y sienten remordimientos por no haber intervenido. Estas sensaciones de confusión y culpabilidad también son perjudiciales para la autoestima. Con frecuencia los espectadores se sienten víctimas, y además el quedarse mirando mientras otra persona es objeto de malos tratos puede causar insensibilidad y sentimientos de impotencia. El mirón se confina a sí mismo en su papel, y es cada vez más difícil que se decida a intervenir en otra ocasión futura. Y por desgracia, otro peligro de ese tipo de espectáculo es que los espectadores con el tiempo se conviertan en instigadores. Para contrarrestar estos efectos negativos, los adultos deben incitar a los espectadores, obligarlos a declararse en contra del acoso escolar, implicarlos en la defensa de los que experimentan dificultad para defenderse por sí solos, y hacer que denuncien los hechos a las autoridades académicas cuando las medidas preventivas no han surtido resultado.

En muchos casos tampoco se atiende a las necesidades de los abusones. El instigador suele ser castigado por su mala conducta, pero la mayoría de las veces no recibe la ayuda emocional que necesitaría para dejar de lado sus posturas de superioridad y de tener derecho a hacer lo que le dé la gana. Como consecuencia, los niños abusones padecen problemas a largo plazo. Es frecuente que presenten índices elevados de fracaso en los grados superiores, y cuando llegan a la edad adulta sus relaciones serán más probablemente disfuncionales. Abundan los malos tratos contra los hijos propios y aumenta la probabilidad de ir a la cárcel.

La violencia se produce cuando la gente consiente, por activa o por pasiva, la intolerancia. Se impone una revisión: ¿por qué perpetuamos esos mitos acerca del abuso escolar? Es responsabilidad de los adultos crear un mundo en donde los niños puedan aprender los valores de la empatía, la discusión pacífica y la aceptación mutua, mediante el rechazo activo de los mitos que rodean los comportamientos intimidatorios.

A continuación consideraremos algunas ideas prácticas sobre cómo enfrentar las actitudes sociales que promueven el acoso escolar. Son orientaciones generales que permitirán ayudar a cualquier niño. En los capítulos siguientes desarrollaremos sugerencias específicas y consejos para una serie de casos particulares.

Implicarse personalmente en la creación de un mundo no violento

Con demasiada frecuencia, nos negamos a admitir nuestra propia capacidad para ser violentos. Tolerar la violencia le convierte a uno en cómplice de la misma, cuando no en participante directo. Cuando acusamos a otros por la violencia del mundo, nos limitamos a traspasar la responsabilidad por no contribuir al cambio. Sabemos que los efectos del acoso escolar muchas veces persiguen tanto a los instigadores como al blanco hasta la edad adulta, que los adultos son responsables por ofrecer modelos de la mayoría de las conductas violentas que vemos en los niños, y que las consecuencias de éstas se extienden tanto a los sujetos pasivos como a los espectadores y a los instigadores. Enfrentándonos a los mitos corrientes, nos ponemos en condiciones de crear una cultura que deje menos margen para dichas conductas.

Recuerdo una conferencia que versaba sobre cómo luchar contra la violencia escolar mediante la pacificación. El orador era el doctor Arun Gandhi, nieto de Mahatma Gandhi. En el turno de preguntas, uno de los oyentes criticó que Gandhi había hablado para convencidos. Es decir, que no hacía falta persuadir del valor de la no violencia y de la necesidad de ser no violentos a aquella audiencia compuesta por enseñantes, terapeutas y otros consejeros profesionales. Lo que se necesitaba era que alguien dijera cómo se convence a *los otros*, a los abusones, para que aprendan a apreciar la no violencia. El doctor Gandhi explicó que esta actitud muy común precisamente formaba parte del problema. No hay otra manera de crear un mundo pacífico, sino procurar ser pacíficos nosotros mismos. Reconocer las tendencias violentas dentro de nosotros mismos y trabajar con diligencia para convertirnos en personas pacíficas es un esfuerzo constante, pero necesario si esperamos eliminar nuestras propias e involuntarias contribuciones a la violencia de la sociedad. La creación de un mundo más compasivo es un reto que nos compromete a exigirnos y exigir a otros la asunción de las propias responsabilidades.

Cuestionar las ideas preconcebidas

Hay que desconfiar siempre de la costumbre de encasillar a la gente. Prestemos atención a lo que decimos de los demás, pero también a lo que pensamos de ellos, que es más importante todavía. Muchos de los estereotipos que tenemos son invisibles para nosotros mismos y cuesta un esfuerzo considerable darse cuenta de ellos. ¿Qué ideas preconcebidas albergamos acerca de las gentes de otras razas u orígenes étnicos? ¿Y acerca de quienes tienen otras religiones? ¿De los homosexuales? ¿De los heterosexuales? ¿De determinadas profesiones? ¿De los obreros manuales? ¿De las familias que están en el paro? Al poner en duda las opiniones preconcebidas acerca de los demás, estamos combatiendo muchos de los mitos que sirven de pretexto al acoso, y nos comprometemos a tratar con igual dignidad a todo el mundo.

Seamos sinceros con nosotros mismos en cuanto a las ideas preconcebidas que mantenemos y los prejuicios que albergamos hacia los demás. Preguntémonos de dónde provienen esas creencias y hagamos un esfuerzo por combatirlas si hallamos en ellas elementos destructivos, elitistas o hipócritas. Abstengámonos de disculparlas con argumentos del tipo «qué le vamos a hacer, si nos criaron así». Aunque sea cierto que muchos de nosotros tenemos ideas preconcebidas que nos metieron en la cabeza desde la infancia, y que se nos ha enseñado el menosprecio a otros por toda clase de motivos tan irracionales como injustificados.

Una de las manifestaciones más corrientes de las ideas estereotipadas son los chistes en los que se hace burla de otros por diferencias de raza, de género, de edad, de inclinación sexual o de confesión religiosa. Esos chistes son una forma de acoso verbal. Cuando los contamos o permitimos que alguien los cuente en nuestra presencia, contribuimos a la normalización del acoso y deshumanizamos a las víctimas de los chistes. Cuántas veces habremos sentido malestar con nosotros mismos por no haber intervenido cuando algún adulto estaba contando ese tipo de chistes denigrantes o despectivos.

Cuestionar el empleo de la disciplina física

Cuestionar la disciplina física es reconocer el hecho de que el acoso como problema no se confina a la edad infantil. En mi despacho casi nunca transcurre una semana sin que algún padre o madre me diga: «¡Lo que necesitan estos chicos son un par de azotes en el trasero!». Es común la queja de que la desobediencia de los menores se debe a que los padres han perdido el hábito de disciplinarlos físicamente. Entonces yo les pregunto si conocen el significado de la palabra *disciplina*, que tiene la misma raíz latina que *discípulo*, «el que aprende». Si la finalidad de la disciplina es enseñar algo, ¿qué enseña el que utiliza los castigos corporales?

Mediante los azotes, las collejas y los bofetones el niño aprende a temer a la persona que ejerce la violencia. Pero hay algo más inquietante. El castigo corporal les enseña a ser violentos siempre que puedan. Posiblemente la primera causa del problema que tenemos con el acoso escolar, y también con la violencia entre adultos, es que toleramos que las personas mayores abusen de su fuerza para maltratar a los niños. Y no porque falten estudios demostrando que los niños expuestos a castigos físicos severos tienden a transmitir esa violencia ejerciéndola contra sus compañeros de edad. El niño a quien se disciplina corporalmente ha aprendido que la única manera de reaccionar frente a contrariedades y conflictos es la agresión física. En comparación, los niños educados mediante disciplinas *no físicas* suelen ser más considerados y más comprensivos con los demás.

Hay que cambiar esa actitud de que los progenitores tienen derecho a disciplinar físicamente y que eso es una demostración de cariño, o «quien bien te quiere te hará llorar». No podemos considerarnos activamente comprometidos en la lucha contra los mitos que favorecen el acoso mientras nos parezca aceptable que los padres recurran a la disciplina física como parte de los procedimientos legítimos de la educación. Para romper el círculo vicioso de los abusos entre compañeros, se necesita todavía un esfuerzo más por nuestra parte, y una renovación de los procedimientos con que nos enfrentamos a los problemas.

Cuestionar el mal ejemplo de los medios

Al reconocer la toxicidad de ciertos contenidos en términos de intolerancia y de violencia gratuita, nos enfrentamos activamente al mito de que las conductas de acoso sean propias de niños nada más.

Tomás de Aquino distinguía dos clases de libros, los que nos acercan a Dios y los que no. Algo parecido podría decirse de los modernos medios de comunicación. ¿Nos acercan a un mundo libre de violencia, o no? En un mundo ideal, los adultos crearían contenidos dirigidos a fomentar la compasión, el respeto mutuo, la paz. En la realidad, los niños se hallan expuestos a palabras ofensivas e imágenes de la violencia, representada de la manera más seductora posible. Entre los estudiosos continúa la discusión sobre si estas representaciones de los medios tienden a *crear* una cultura más violenta o simplemente se limitan a *reflejar* las tendencias de la cultura existente. En mi opinión hay algo de cierto en ambos puntos de vista.

Cabe considerar también que la violencia y la ordinariez de los medios son síntomas de una patología social más profunda. Debería preocuparnos mucho que nuestros medios culturales ridiculicen e incluso degraden la benevolencia para con el prójimo. En un comentario sobre *Loco por Mary* (*There's Something about Mary*, 1998) el crítico de una revista se deshacía en elogios y destacaba la «refrescante desfachatez de la película». ¿Por qué deberíamos dar la bienvenida a la desfachatez en las películas que vemos? La misma celebración de la crueldad y la intolerancia se halla en muchos espectáculos populares de la televisión.

A veces la descripción de la violencia es necesaria o útil para desarrollar un relato coherente o socialmente valioso. Aunque ciertas películas como *La lista de Schindler* y *Salvar al soldado Ryan* no sean adecuadas para niños de corta edad, que aún no han alcanzado el nivel de comprensión necesario para captar sus mensajes, los adolescentes sí pueden recibir de ellas enseñanzas importantes cuando la película no glorifica la violencia sino que la denuncia.

Betty Reardon, estudiosa del pacifismo, educadora y representante ante Naciones Unidas, ha descrito la violencia como «un fracaso de la imaginación».[8] En ningún lugar es más cierto eso que en los medios. Necesitamos un tratamiento más imaginativo de los problemas sociales que tenemos planteados. Muchos adultos serían partidarios de unos medios más limpios, pero no basta con desearlo. Hay que tomar partido contra la crueldad gratuita, la vulgaridad y la explotación sexual en los medios de comunicación.

Ocupémonos personalmente de averiguar qué es lo que nuestros hijos leen, oyen y ven, a qué juegos se dedican. No permitiremos que entren en nuestra casa músicas, programas de televisión, libros, revistas, vídeos ni videojuegos que consideremos ofensivos. Y cuando aparezca algo ofensivo, tomémoslo como una oportunidad, a fin de participar nuestros valores a nuestros hijos. Por ejemplo, leer juntos la letra de una canción, para explicar seguidamente por qué nos parece ofensiva. No hay que sermonear al chico o chica, sino escuchar sus opiniones sin apearnos de nuestro propio fundamento moral. Exponer con claridad y de manera comprensible nuestros criterios acerca de lo que es aceptable, y demostrar coherencia a la hora de mantenerlos. Algunas veces se oye la objeción de que al excluir determinados personajes o contenidos mediáticos los victimizamos y así los hacemos más deseables. Pero no estoy de acuerdo. Eso vendría a ser como decir que, puesto que los niños van a fumar «porros» de todas maneras, mejor consentir que los fumen en casa y así no tendrán necesidad de esconderse. Es necesario que los niños se desarrollen libremente, pero dentro de unos límites razonables. Todos los estudios demuestran que la falta de normas puede acarrear conductas antisociales, delincuencia y drogodependencia. Los padres deben mantener actitudes firmes en cuanto a lo que se va a considerar admisible o lo que no.

Cuestionar los rumores

Al enfrentarnos activamente al chismorreo malicioso combatimos el mito de que el acoso escolar no sea más que un juego. La rumorología es el pasatiempo nacional. No hay más que contemplar las portadas de las revistas del corazón o ver esos programas de la televisión que tratan de una manera sensacionalista los problemas de la gente y destacan los aspectos más sórdidos de las relaciones humanas.

Los rumores no sirven para nada, excepto para indisponernos con los demás cuando se enteran. Difundir hablillas calumniosas es una forma de acoso relacional. Los niños aprenden mucho de eso por simple observación de las conductas de sus mayores. Cuando los adultos se dedican a la maledicencia, el niño que está presente recibe el mensaje de que es admisible criticar a alguien incluso cuando la persona criticada no tiene posibilidad de defenderse. La enorme difusión del chismorreo entre adultos demuestra que no es una etapa que se supere automáticamente. Se necesita la voluntad decidida de no participar en la difusión del rumor y de desmontar ese aspecto de la maquinaria social acosadora.

Si sentimos la tentación de chismorrear, preguntémonos cuáles son nuestros móviles para hablar de una persona que no se halla presente. ¿Es que deseamos vengarnos porque nos ha ofendido en algo? ¿O porque tenemos necesidad de sentirnos superiores? ¿Tenemos algo que decirle a esa persona (en cuyo caso sería mejor decírselo cara a cara)? Todos tenemos derecho a nuestra intimidad. Por tanto, nos negaremos a participar y convertiremos nuestro hogar en una zona estrictamente libre de chismorreos, con lo que transmitiremos ese valor a nuestros hijos.

Capítulo 3

Impacto del acoso escolar en los niños

Muchas de las investigaciones realizadas durante los dos últimos decenios han dado lugar a revelaciones consternantes por lo que se refiere a las consecuencias del acoso escolar. El noruego Dan Olweus, psicólogo de la Universidad de Bergen, ha sido un adelantado de este tipo de estudios. Según sus conclusiones, la introducción de programas antiacoso en las escuelas es beneficiosa a largo plazo. Además de reducir la frecuencia de los incidentes violentos, se ha registrado una mejora de la moral de estudio en general, la disminución de las faltas a clase no autorizadas y la mejora de los promedios de rendimiento académico.[1] Los trabajos de Olweus han suscitado un gran interés en los medios profesionales.

En su muy atendido libro *The Nurture Assumption*, Judith Rich Harris señala con persuasivos argumentos cómo en la infancia, los compañeros de edad tienen una gran influencia para la formación de la personalidad, lo que solía pasar inadvertido para muchos de nosotros. «Una consideración baja dentro del grupo de coetáneos —escribe Harris—, si se prolonga mucho, deja cicatrices permanentes en la personalidad. Y por supuesto, puede amargarle la infancia al afectado o afectada.»[2] De eso no cabe ninguna duda. El que es blanco de acoso escolar suele tener poco ascendiente entre sus compañeros, y su infancia se convierte en un interminable batallar cuesta arriba. Y aunque Harris se refiere aquí principalmente a los sujetos del acoso, también los instigadores experimentan las consecuencias de su comportamiento.

Consecuencias para el blanco del acoso

Nathaniel tenía seis años cuando resultó víctima de un aparatoso accidente de circulación que estuvo a punto de costarle la vida. Después de dicho accidente tuvo que someterse a una serie de operaciones, con los consiguientes y largos períodos de recuperación. Durante varios años no pudo participar en ninguna actividad deportiva. Algunos muchachos empezaron a llamarlo mariquita y, todavía más ofensivo, «Frankenstein», porque arrastraba un poco una pierna. Un ligero sobrepeso le valió además el mote de «Nat el gordito». Aunque nunca fue víctima de violencias físicas, esas burlas le hicieron mucho daño a su autoconfianza y nunca se atrevió a replicar. Con tanto oírse llamar afeminado Nathaniel empezó a dudar de su masculinidad. Aunque la mayoría de sus compañeros de colegio no le decían nada, solían quedarse mirando mientras él recibía los insultos, y nunca intervino nadie para defenderle.

Cuando cumplió doce años, los médicos le dieron el alta definitiva y le dijeron que podía dedicarse a cualquier actividad que desarrollasen los demás. Pero cuando empezaron a formarse los equipos de fútbol americano para la temporada siguiente, él no se atrevió a presentarse porque se veía incapaz de arrostrar las burlas, y eso que el juego le gustaba mucho y le habría ayudado a formarse un mejor concepto de sí mismo. Así que renunció a su sueño y siguió escondiéndose de los chicos que lo acosaban.

Por último decidió correr el riesgo y eligió el fútbol *soccer* cuando tenía ya dieciocho años. Consiguió entrar en el equipo, pero no se le olvidó nunca la humillación sufrida cuando algunas chicas de entre el público se burlaron de su tripa, que le asomaba entre el calzón y la camiseta. En fin de cuentas acabó conceptuándose a sí mismo como alguien de quien se ríe la gente y condenado a ser siempre un muchacho poco atractivo, blandengue y gordinflón.

Cuando acabó el grado superior, y harto de burlas, se apuntó a un gimnasio. Entonces comprobó que conforme iba quitándose rodillos de grasa las mujeres se fijaban más en él. Pero no lograba olvidar las burlas de su infancia contra el afeminado y gordo torpón. Desconfiaba tanto de las mujeres como de los hombres, temiendo que ellas le juzgaran ridículo y ellos, retraído y escasamente viril.

En la actualidad, a sus veintiocho años, y casado desde hace tres, Nathaniel es un hombre notablemente apuesto y de maneras desenvueltas que desmienten el hecho de que apenas diez años antes todavía estaba siendo objeto de mofas por sus compañeros de edad. Pero su mente está dañada. Nathaniel es un adicto al sexo y ha tenido ocho aventuras extramatrimoniales desde que se casó. Ha descubierto que esos escarceos promiscuos alivian temporalmente las dudas que lo atormentan en cuanto a su atractivo personal y su virilidad.

Al igual que Nathaniel, muchos niños tienen que enfrentarse a compañeros agresivos durante los primeros años de la escolarización. Su respuesta a los primeros enfrentamientos en una escuela nueva o ante un nuevo instigador influyen sobre la manera en que reaccionarán los instigadores en adelante. El que planta cara a esas situaciones iniciales probablemente no volverá a ser molestado. Pero cuando los instigadores descubren a un niño que tiene dificultades para afirmarse, lo consideran vulnerable y como alguien que se presta a servir de blanco. Pero, aunque a veces un niño haga todo lo que puede para enfrentarse a la situación, si pasa demasiado tiempo sometido al acoso sin recibir ayuda de nadie puede ocurrir que se desanime, se atemorice y llegue a creer, en su desvalimiento, que nada va a arreglarse nunca. Este tipo de desesperación destruye el espíritu y conduce a una serie de problemas que se prolongan hasta la edad adulta.

Dificultades intrapersonales

Como se siente abandonado y atrapado en un círculo vicioso, con poco o nada que hacer para remediar su situación, el blanco asiduo del acoso suele carecer de confianza en sí mismo. A menudo, casi toda la infancia transcurre en un estado de depresión clínica, lo que, a su vez, profundiza la sensación de aislamiento. Confundidos y avergonzados, se niegan a participar sus sentimientos a nadie. A mayor aislamiento, más grave la depresión. No son raras las tendencias suicidas, que se manifiestan en forma de tentativas reiteradas.

Los que son blanco habitual del acoso también presentan una tasa de problemas de ansiedad anormalmente alta. «Ansiedad» significa temores o preocupaciones que interfieren con las actividades normales. Todos los niños, por supuesto, están preocupados alguna que otra vez, y sus temores a menudo son racionales. Es lógico tener miedo de un abusón, ¿quién no lo tendría? Con frecuencia, el temor racional conduce a una evaluación realista del problema y de lo que puede hacerse para solucionarlo. Pero cuando el miedo se convierte en ansiedad paralizante, toda la vida del niño queda ensombrecida por esa influencia adversa. Entre los síntomas de la ansiedad cabe citar el insomnio, las pesadillas nocturnas, los tics y otros hábitos nerviosos. A veces no quieren ir a la escuela. Son corrientes los síntomas físicos como pérdida del apetito y trastornos gastrointestinales o dermatológicos. El niño que está siendo blanco de acoso tiene tres o cuatro veces más probabilidades de padecer insomnios, ansiedad y depresión severa, comparado con los demás de su edad.[3] Austin, un muchacho de diez años que tiene dificultad para el aprendizaje, llegó a temer tanto las burlas cotidianas de su compañero de clase Brian que le salió un eczema, además de levantarse todas las mañanas con dolor de estómago, hasta que se negó en redondo a salir de casa. No quería ir a la escuela.

Los problemas emocionales generados por el acoso de los compañeros en la infancia no siempre acaban ahí, sino que pueden afectar a la vida adulta. Muchos de los que se han sentido aislados y deprimidos por esa causa cuando eran niños continúan sintiéndose igual ahora que son adultos. He observado antecedentes de acoso escolar entre pacientes míos que acusan problemas de depresión clínica y de ansiedad, así como fobias sociales.

Dificultades interpersonales

Los niños que padecen acoso continuado no saben defenderse de palabra, por lo general. Muy a menudo el abusón es más suelto de lengua y más ocurrente con sus réplicas y sarcasmos, a los que el blanco del acoso no sabe cómo contestar. Pero cuando le han colgado a uno algún mote peyorativo como nenaza, mariquita, monstruo, cegato, narizotas o lo que sea, es muy difícil librarse de él. Con esos insultos se lo mantiene confinado en una posición vulnerable y se lo despersonaliza, se lo avergüenza y se lo intimida sobre todo en presencia de otros. Como resultado de ello, el que es blanco del acoso será capaz de dar rodeos muy grandes para evitar a los acosadores y los lugares que éstos frecuentan. La ansiedad y el miedo son constantes. La escuela se convierte en un lugar desagradable e inseguro. Un estudio publicado en 1994 mostraba que alrededor de los 13 años de edad, hasta un 7 por ciento de los alumnos faltaba a clase por lo menos una vez al mes, ante el temor de verse emocional o físicamente atacados por compañeros agresivos.[4]

La timidez, que es un rasgo innato, aparece con frecuencia en los que son blanco de acoso. El niño tímido es más vulnerable al acoso que otros, y la experiencia del acoso agrava el problema de la timidez natural, en la medida en que le añade los sentimientos de vergüenza e intimidación.

Tímidos o no, los que han sido blanco del acoso muchas veces se obsesionan tramando imaginarias venganzas contra sus agresores. Aunque la mayoría de los agredidos no desahogan nunca su cólera, es muy significativo que muchos protagonistas de incidentes de violencia en las escuelas hayan sido blanco de acoso persistente en esos mismos lugares. En algunos niños la persecución prolongada crea una rabia profunda que puede estallar algún día induciéndolos a pasar a la acción. En cualquier caso, el miedo y la falta de confianza en sí mismo que padece el agredido muchas veces continúan hasta la edad adulta y afectan por diferentes maneras. He observado en mi práctica clínica que los hombres y mujeres que han padecido acoso escolar tienden a desconfiar de la intimidad en las relaciones. Lo que muchas veces se expresa en forma de dificultad para hacer amigos, para participar en una conversación banal o para sentirse a sus anchas en situaciones sociales como fiestas o reuniones de trabajo.

Dificultades académicas

El niño preocupado por el acoso no puede estudiar. Aunque por lo general mantiene una actitud positiva en cuanto a las obligaciones escolares, sus resultados se resienten porque está debatiéndose con el daño emocional del acoso y eso consume todas sus energías. Mientras uno está cavilando cuál va a ser la próxima injuria de palabra o de obra, difícilmente va a poder concentrarse y terminar sus tareas.

Jackie, de diez años, es una niña inteligente y le gustan todas las asignaturas. Pero últimamente sus calificaciones han empezado a bajar. No puede concentrarse después del almuerzo. Teme a un compañero de trece años que la ha tomado con ella porque a Jackie empiezan a desarrollársele los pechos. Tampoco quiere decir nada a sus padres ni a los responsables del colegio, porque el chico tiene cierta reputación de violento y es de prever que luego las cosas se pongan peor. Mientras tanto, los resultados escolares se resienten.

Muchos menores en edad escolar dicen que precisamente son las buenas calificaciones lo que les vale el acoso de algunos compañeros. Muchos de los etiquetados como «cabezones» o «empollones» soportan valerosamente los años escolares y llegan a realizar contribuciones valiosas a la sociedad cuando son adultos. Pero no siempre. A veces el acoso induce el abandono escolar incluso por parte de algunos alumnos más brillantes que el promedio. En los grados superiores, hasta un diez por ciento de los estudiantes deciden no continuar porque temen ser blanco de agresiones o insultos.[5]

Dificultades por adicción

No ha de sorprender a nadie que el estrés sufrido por los acosados origine problemas significativos por adicción a sustancias diversas. Un camino fácil para hacerse respetar es empezar a consumir tabaco, alcohol u otras drogas, en la medida en que eso confiere prestigio en algunos grupos de adolescentes. El menor que empieza a usar dichas sustancias para hacerse aceptar por los demás posiblemente seguirá usándolas para aliviarse la tensión emocional que sufre. En estas condiciones, el riesgo de dependencia es grande, y tanto mayor cuanto más temprana sea la edad de iniciación al consumo.

Consecuencias para los acosadores

Troy recuerda cómo cuando tenía siete años le gustaba encender un petardo en la boca de una rana y ver cómo el animal se alejaba de un salto para reventar enseguida. Ríe mientras afirma que pasaba más horas en el despacho del director que en las clases. Habitualmente el director lo llamaba por alguna pelea. Troy tenía astucia suficiente para no dejarse pillar acosando a otros niños. Sonríe y cuenta cómo asedió sin compasión a un chico postrado en silla de ruedas, llamándolo «androide», hasta que los padres del inválido lo sacaron de la escuela.

Troy recuerda que era muy popular entre sus compañeros de los grados elementales y medios. «Esos chicos me respetaban porque yo no permito que nadie se pase ni un pelo conmigo. Ni entonces ni ahora», dice. Como muchos abusones, Troy confunde el miedo con el respeto. En su primer año de instituto, Troy entró en la banda de los «hombres Ge». Se trataba de un grupo juvenil violento, y la condición para el ingreso era participar en una violación colectiva o robar un coche. Troy eligió violar a una chica de otro instituto, a la que no conocía de nada, y fue admitido en la banda.

En el segundo año lo expulsaron del instituto por llevar un arma, y abandonó los estudios. Durante algunos años ganó dinero fácil trapicheando con las drogas. «Siempre puedo volver a eso», reflexiona mientras contempla los barrotes de su celda, en la prisión estatal donde cumple condena por un atraco a mano armada.

Por desgracia la historia de Troy es demasiado frecuente. Por eso es tan crítico que se promueva el abandono de las conductas de acoso por parte de los menores, como corrobora una sobrecogedora estadística: comparados con la población normal, los niños identificados a partir de los siete años como instigadores de acoso escolar tienen seis veces más probabilidades de tener antecedentes penales a la edad de veinticuatro, y cinco veces más probabilidades de haber sido condenados por delito mayor antes de los treinta.[6] No hace falta insistir. Las perspectivas para los abusadores no son brillantes. A medida que se hacen habituales las conductas de acoso, la agresividad y la falta de sensibilidad hacia los demás se vuelven inveteradas y conducen a problemas serios que afectan a toda la vida, como dificultades en las relaciones, en la carrera profesional y con la justicia. Los abusones tienden a externalizar, lo que quiere decir que echan la culpa a los demás de los problemas causados por ellos mismos. Son incapaces de ver que el origen de esos problemas está en sus actitudes y comportamientos.

No hace mucho fui testigo de un caso de externalización que ni ideado expresamente para los libros de texto. Me hallaba en una escuela elemental cuando pasó un alumno por el vestíbulo donde un empleado de mantenimiento estaba encaramado en su escalera de mano. El chico se detuvo unos momentos y luego le preguntó al hombre:

—Oiga usted, ¿qué pasa si le tumbo la escalerilla?

—Eso no me gustaría nada, chico. Por favor, no lo hagas.

El muchacho agarró la escalera y la sacudió hasta desequilibrar al operario, que cayó. Por fortuna no se hizo daño. Inmediatamente se apoderó del chico y lo condujo al despacho del director. Los padres del menor fueron convocados, y le cayó un arresto. Más tarde, el mismo día, el muchacho se tropezó otra vez con el operario y le dirigió una mirada colérica mientras decía:

—Por culpa de usted me ha caído un castigo.

En una reacción característica de los abusones, el chico no admitía la responsabilidad por su conducta. El responsable era el otro, el que había denunciado la agresión.

Esta actitud puede llegar a ser crónica y origina toda una serie de problemas. La manipulación, la ocultación, el engaño, el afán de salirse siempre con la suya, se convierten en una segunda naturaleza. Escuchamos la letanía de excusas con que los abusadores se absuelven a sí mismos de toda responsabilidad: «Él se lo ha buscado». «¿Por qué me acusan siempre a mí? ¡Yo no he hecho nada!»

El diálogo interno que domina la vida del abusador, dentro del género de «puedo más que tú y valgo más que tú y por eso te trataré como me dé la gana», previsiblemente genera dificultades de todo orden, intrapersonales, interpersonales, académicas, vocacionales y legales.

Dificultades intrapersonales

La vida interior del abusón suele ser un torbellino. Como ya se ha mencionado, muchos de esos menores tienden a ser coléricos, deprimidos e impulsivos. No se sienten vinculados con la escuela. Muchos de los agresores habituales padecen depresión clínica, pero ésta no recibe tratamiento porque no se les diagnostica, al hallarse toda la atención de los adultos volcada en el problema inmediato de cómo controlar y reprimir las conductas. Es fácil comprender esa depresión de los abusones. La falsa valentía que suelen exhibir no es más que un disfraz con el que tratan de disimular sus profundas sensaciones de vacío interior, inadaptación y falta de afecto. El abusón intenta negar su vergüenza y su resentimiento. Difícilmente reconocerá ese dolor y esa vulnerabilidad. El mayor de todos sus temores, y el más perjudicial para él mismo, es el temor a confiar en nadie, lo que le impide solicitar ayuda para sus problemas.

Dificultades interpersonales

En la parada del autobús, Andy se distrae recordando un experimento de la clase de Ciencias de hoy. Mira ausente en dirección a un grupo de chicos. Entonces Joe se destaca del grupo y se planta delante de Andy.

—¿Qué miras? ¿Es que tengo monos en la cara? —dice con aire desafiante.

Andy contesta que no estaba mirando, que se hallaba distraído. Joe le da unos empujones hasta derribarlo y luego dice con voz fuerte, para que pueda oírlo todo el mundo:

—¡Que no se te ocurra volver a mirarme de ese modo, basura!

Al igual que Joe, característicamente los agresores ven intenciones hostiles donde no las hay, de ahí que reaccionen con agresividad extemporánea en muchas situaciones. Les resulta difícil contener sus emociones, y suelen ser más propensos a reacciones coléricas con paso a la acción, comparados con los demás menores. Pero no todos los abusones encajan en esta descripción. Se da también el tipo de agresor frío, que no se altera visiblemente y no reacciona de manera impulsiva ante lo que él percibe como actitud hostil. Ésos son los que aguardan la oportunidad para acosar lejos de la presencia de ninguna persona mayor o compañero más fuerte que pudiese impedírselo. Ambas pautas de comportamiento pueden dar lugar a problemas permanentes y que propician las conductas delictivas en la edad adulta.

Todos los abusadores, sin embargo, dan pruebas de insensibilidad o falta de empatía, lo que es un inconveniente crítico para el desarrollo de las relaciones con los demás. En efecto, las relaciones personales presuponen un interés por lo que piensan y sienten los demás, y cómo les afecta nuestra conducta. Pero los instigadores del acoso no sienten el mismo remordimiento que los demás cuando han ofendido a alguien de palabra o de obra. A medida que se hacen mayores tienen cada vez menos amigos.

En los grados elementales, en efecto, estos niños muchas veces sí tienen amigos o seguidores, admiradores de la prepotencia con que aquéllos consiguen siempre lo que se proponen. Sin embargo, con la adolescencia esa popularidad decae. Lo que antes «molaba» pasa a percibirse como signo de inmadurez. Los menores que han aprendido el valor de la tolerancia, la colaboración y el respeto mutuo tienden a agruparse. La compañía del abusón molesta, y sus bravuconadas son escuchadas con desdén. De este modo queda cada vez más reducido el círculo de posibles amigos. En los grados superiores, si es que todavía frecuentan la escuela, los abusones suelen mantener relaciones únicamente con los que son como ellos, los únicos en quienes se reconocen. En el peor de los casos, ello conduce a la formación de bandas de adolescentes.

Pese a la confianza en sí mismo que exhibe, el instigador del acoso tiene una autoestima frágil. En los estudios realizados con ayuda de cuestionarios, los abusadores suelen declararse muy contentos consigo mismos,[7] pero «no están satisfechos consigo mismos sino en la medida en que puedan demostrar superioridad sobre los demás, o como si dijeran "sólo estoy bien cuando puedo controlarte"». Por lo general los acusadores tienen una oscura intuición de sus propias insuficiencias. De ahí que recurran a la fuerza y a la intimidación contra los demás, para no tener que pensar en ese aspecto. Cuanto menos estimado, más inadecuado y más inferior se siente el niño, más intolerables le resultan estas sensaciones, con la consiguiente imposibilidad de enfrentarse a ellas y buscarles algún remedio. En vez de encarar esos temores arraigados, el abusador recurre a un mecanismo psicológico de defensa llamado *proyección*. Consiste en trasladar a otra persona las características o los sentimientos que no deseamos hallar dentro de nosotros. De este modo, el abusador viene a decir, en esencia: «Sé que yo no soy inferior (odioso, torpe) porque *lo eres tú*, y yo valgo más que tú».

Los acosadores tienen muy poca idea de lo que son en realidad, y la interacción con los demás les resulta muy difícil, sobre todo a partir de la entrada en la adolescencia. Mientras otros niños desarrollan la comprensión en las relaciones y el conocimiento de sí mismos, el abusador sigue confinado en su ignorancia, lo que con el tiempo se convierte en un problema serio. Desarrolla una inadaptación cada vez más profunda y que incita a reincidir en las conductas agresivas contra sus compañeros. Todas sus interacciones obedecen al motivo de preservar una cierta sensación de dignidad personal. Quiere salvar la ficción de ser alguien importante.

Si estos niños llegan a la edad adulta sin haber resuelto estos sentimientos de inadecuación muchas veces inconscientes, y que son el motor oculto de las conductas de acoso, seguirán pretendiendo superioridad y control sobre los demás en todas sus relaciones, puesto que todavía subsiste la necesidad de disimular los sentimientos profundos que venimos comentando. Interviene también, con toda probabilidad, la presencia de relaciones familiares disfuncionales y de problemas de violencia doméstica. Educar a los hijos es una empresa que requiere paciencia, capacidad de comprensión, voluntad de comprender y capacidad para soportar la frustración y la cólera. Cuando el instigador de conductas de acoso alcanza la edad adulta y tiene hijos a su vez, es muy posible que los maltrate. Los progenitores agresivos engendran hijos abusones.

Dificultades académicas, vocacionales y legales

Los abusones tienden a plantearse metas académicas y vocacionales menos exigentes, en comparación con otros niños. Es frecuente que desarrollen actitudes negativas en cuanto a las tareas escolares, y conforme transcurre el tiempo los resultados académicos flaquean y el fracaso escolar llega a ser una probabilidad. Los adultos que han sido niños abusones suelen presentar expedientes académicos breves o truncados con más frecuencia que el promedio de la población. Como consecuencia de ello, tienden a padecer insatisfacción en la vida adulta, porque no han llegado a desarrollar todas sus posibilidades. Una vez más, y como es típico de estos individuos, suelen echar la culpa a toda clase de circunstancias ajenas, en vez de examinar cómo su situación actual se debe a sus propias actitudes y elecciones vitales.

Los instigadores del acoso escolar aparecen con más frecuencia que otros adolescentes en los casos de vandalismo, riñas callejeras, robos, embriaguez pública e inasistencia a clase, y habrán pasado al menos una vez por Comisaría antes de alcanzar la mayoría de edad.[8] Los conflictos con la ley pueden profundizarse en la edad adulta. Entre los adultos que fueron niños abusones, comparados con los que no presentan esos antecedentes, se hallan índices más elevados de condenas por delitos violentos y también por infracciones de tráfico, como por ejemplo conducir bebidos.[9]

Por supuesto las consecuencias del acoso escolar no son las mismas en los abusones que en quienes han sido blanco de las injurias. Hay esperanza para todos los afectados, sin embargo, y especialmente cuando los padres se avienen a colaborar. Unos y otros pueden superar los escollos difíciles de la infancia, si se les enseña a valorarse, para que naveguen por los mares de la edad adulta sin llevar el lastre de los sufrimientos infantiles.

Segunda parte

Qué hacer cuando nuestro hijo es objeto de acoso

Capítulo 4

Cómo se sabe si nuestro hijo está siendo acosado

Aunque son muchos los niños que no tienen inconveniente en quejarse a sus padres cuando se los acosa en la escuela o en el barrio, para algunos sí es difícil confiarse *a nadie* porque tienen vergüenza, o miedo, o se sienten inferiores o inseguros. Es más probable que hable con sus padres un niño de corta edad, porque todavía los considera capaces de poner freno a un abuso. En las fronteras de la adolescencia no subsiste dicha fe y por tanto, no será frecuente que se dirija espontáneamente a sus padres para solventar un problema de acoso escolar.

Cuando observemos un cambio importante en la conducta normal de nuestro hijo, tal vez sería oportuno tratar de investigar si la causa es el acoso escolar. Digamos, por ejemplo, que un niño por lo general lleno de vitalidad y cargado de energía se muestra deprimido, o que un niño normalmente tranquilo da muestras de un nerviosismo inhabitual. Es posible que esté reaccionando ante una situación de acoso. Como padres, y con independencia de si el niño decide confiarnos lo que pasa o no, nos interesa conocer algunos síntomas corrientes que podrían indicar que el pequeño se encuentra en una de esas situaciones.

Señales de alarma

Es posible que nuestro hijo haya sido blanco del acoso escolar si presenta uno o varios de estos síntomas:

- Cualquier cambio súbito del comportamiento normal
- No quiere asistir a clase ni participar en las actividades escolares donde también acuden sus compañeros
- Caída inexplicable de los resultados escolares
- Roturas en la ropa, prendas desgarradas
- Dolores de cabeza, de estómago u otras indisposiciones inexplicables
- Interrupciones frecuentes del sueño, dormir más horas de lo normal u otros cambios en las pautas del sueño
- Procura evitar a sus compañeros de edad así como los actos sociales de la escuela
- No va al comedor, ni sale al patio del colegio
- Evita las actividades del tiempo libre, como excursiones, etc., donde pueda encontrar a compañeros de la escuela
- Súbita pérdida del interés por actividades que antes le gustaban
- Aspecto triste y deprimido
- Se niega a ir o volver solo entre el domicilio y la escuela
- No quiere hablar de lo que pasa en la escuela

Los abusones suelen elegir el blanco más fácil. Algunos niños se arriesgan a serlo por su manera de comportarse. Bajo este criterio, hay que distinguir entre los blancos pasivos y los provocativos.

El blanco pasivo del acoso escolar

Los niños sumisos, los que tienen dificultad para afirmarse, suelen llamar la atención de los aficionados a hostigar a otros. En cierto sentido, la mayoría de los niños timoratos entiende que el verdadero motivo de la indeseable atención de los abusones no es el aspecto que ellos tengan, ni que sean demasiado listos o demasiado tontos, ni la marca de zapatillas deportivas que lleven. Saben que es su incapacidad para defenderse a sí mismos lo que concita los ataques de los instigadores del acoso. Para algunos niños la autoafirmación resulta especialmente difícil: así los tímidos, los traumatizados, los enclenques o enfermizos, o los de menos estatura. Estas categorías están relativamente inermes frente a los agresivos, y necesitan que se les explique lo que deben hacer cuando los abusones la tomen contra ellos. Veamos a continuación varios ejemplos de niños poco asertivos que nos revelan cómo unas simples indicaciones pueden cambiar el signo de los acontecimientos.

El niño tímido

Tania tiene ocho años y siempre ha sido una niña tímida y tranquila. Como hija única, pasa mucho tiempo con sus padres y se siente a gusto con las amistades de éstos y con otras personas mayores. En cambio, no ha desarrollado facilidad para hacer amigos entre los niños de su edad. Casi nunca habla con ellos, a no ser que le dirijan la palabra primero, y muchas veces prefiere jugar sola en el patio. Esta semana Kylie, una compañera muy popular en la clase, ha invitado a todas las niñas a su fiesta de cumpleaños. Menos a Tania, de quien Kylie dice que es «rarilla». A Tania le duele que no la hayan invitado, pero no ha dicho nada, hasta que sus padres, notando que parecía más callada que de costumbre e incluso un poco deprimida, han logrado sonsacárselo.

Muchos niños conocen la timidez ocasionalmente. Puede resultarles difícil, por ejemplo, dirigir la palabra a alguien por primera vez, entrar en un lugar desconocido para ellos, hacer o decir algo que los haga parecer diferentes, o exponerse a ser objeto de burlas. En cambio, los «tímidos» verdaderos son los que acusan malestar casi siempre que se hallan en presencia de otros. El nerviosismo del tímido ante la presencia humana deriva de un temor constante a verse confundido o humillado. Estos niños sienten ansiedad cuando están separados de sus padres, no miran a la cara cuando hablan con un interlocutor y no se hallan a gusto en los grupos de compañeros de su edad.

EL NIÑO TRAUMATIZADO

Cuando Timothy tenía diez años fue testigo de un accidente de circulación en el que fallecieron sus progenitores y un hermano mayor. Unos familiares residentes en otro estado se hicieron cargo de él, pero la adaptación no le ha resultado fácil. Ahora, a sus once años, muestra síntomas de depresión y de trastorno de estrés postraumático (TDEP). Tiene pesadillas frecuentes, no se sube por nada del mundo en un automóvil y descuida su higiene personal. Cuando los demás niños lo llaman «cochino» y otros insultos por su falta de aseo, a menudo sale corriendo o se echa a llorar.

Son muchos los acontecimientos dolorosos que pueden traumatizar a un niño, entre los cuales los accidentes, los desastres naturales, el divorcio de los padres, los malos tratos, el estrés familiar crónico o haber presenciado un delito violento. Los traumas no resueltos pueden afectar profundamente al niño y dar lugar a serios problemas emocionales, como el TDEP. Estos niños, abrumados a menudo por la ansiedad y los temores, no son capaces de desenvolverse de manera que puedan ser incluidos en las actividades de sus compañeros. A veces se los considera «hipersensibles» porque es fácil ofender sus sentimientos. Ellos mismos huyen de tal eventualidad evitando los contactos sociales con otros niños, pero ese distanciamiento los hace todavía más susceptibles de ser acosados.

EL NIÑO FÍSICAMENTE DÉBIL O PEQUEÑO

Luke, un chico de siete años, es de pequeña estatura para su edad, y no sabe cómo afirmarse cuando Travis lo llama «cuatro ojos» y le da empujones en el patio de la escuela, mientras los compañeros de clase miran. Se siente avergonzado y furioso, pero no se le ocurre nada más que encoger los hombros y cruzarse de brazos. Un par de compañeros se unen al acoso, y estalla un coro de mofas. Suena la campana que proclama el fin del recreo. Salvado por la campana una vez más. A Luke le gustaría que Travis y sus amigos dejaran de incordiarlo, pero le consta que no va a ser así, y que el acoso se repetirá al día siguiente.

Con frecuencia el problema verdadero no estriba en la estatura o la fuerza física pero, por supuesto, un niño físicamente más pequeño o más débil que sus compañeros de edad está más expuesto a ser blanco del acoso. Los niños acosados porque son pequeños o débiles suelen tener una deficiente imagen corporal de sí mismos. Sobre todo en los muchachos, la imagen propia va muy vinculada a la fuerza física. El acoso a los de pequeña estatura o poco vigor es más corriente entre los niños que entre las niñas.

El blanco provocador

A veces el niño acosado parece que lo pida. Provocan al abusón y luego lo amenazan con denunciarlo al profesor, o insisten en hacer alguna de las cosas que desagradan al abusón, o se acercan intencionadamente al grupo de los chicos violentos, como las polillas atraídas por la llama. Los profesores y los compañeros no simpatizan con estos niños, sabiendo que bastaría con que se abstuvieran de hacer algo para dejar de ser blanco del acoso. Pero ellos se comportan como si no quisieran —lo que lógicamente impacienta a los enseñantes— o no pudieran dejar de hacerlo.

Al niño que induce el acoso por parte de sus compañeros se lo llama *blanco provocador*. Su carácter combina características de los instigadores y de los acosados. Es difícil identificarlo como acosado genuino, porque con frecuencia se comporta como instigador de la situación de acoso. En su tipología se distinguen tres categorías, aunque es frecuente que se combine más de una en cada caso particular. Son los buscadores de atención, los buscadores de estímulo y los buscadores de represalias.

Los buscadores de atención

Abe es un chico de nueve años que lleva estampado en su camiseta favorita un personaje de dibujos animados que representa un «diablo de Tasmania». Imposible encontrar un símbolo más apropiado del comportamiento del propio Abe en la escuela. Aunque nunca se le ocurriría acosar a otro chico más débil, y por tanto no puede ser calificado de abusón, en cambio es incapaz de resistirse a la tentación de incordiar a los abusones, de quienes sabe que picarán siempre en la trampa. La táctica de Abe consiste en correr tras Jorge, un grandullón de diez años. Lo llama de todo, y cuando el grandullón pierde la paciencia, el juego consiste en echar a correr con más rapidez que él. De esta manera molesta a muchos, cual moscardón impertinente, eligiendo siempre a chicos que se dejen provocar. Sucede a menudo que lo atrapan y le dan una tunda. Entonces Abe se encamina al despacho del director y los denuncia: «Yo no he sido. Él empezó». Lo que le pasa a Abe es que no sabe hacer amigos. Tiene una desesperada necesidad de no pasar inadvertido, y parece haber llegado a la conclusión de que es mejor tener mala fama que no tener ninguna.

Los buscadores de atención están dispuestos a hacer cualquier cosa con tal de conseguir que alguien se fije en ellos. Los compañeros suelen considerarlos inmaduros y no quieren tener relación con ellos. En estas condiciones, la única posibilidad para hacerse notar es atraer sobre sí la atención de los abusones, aunque sea una atención negativa, y como si no les importasen las consecuencias.

Los buscadores de estímulo

A sus ocho años de edad, a Dominic se le ha diagnosticado un trastorno de hiperactividad con déficit de atención (THDA). A menudo se queja de aburrimiento. Le cuesta permanecer quieto. Tiene dificultad para entender y respetar los turnos en los juegos con otros chicos, y suele actuar de manera impulsiva. Al igual que otros tipos de blanco provocador, no sabe prever las consecuencias de su propia conducta. Actúa antes de pensar.

Dominic se trastorna fácilmente ante cualquier contrariedad, y cuando está enfadado suele emprenderla con cualquiera, pertenezca o no al grupo de los abusones. No se detiene a pensar que sus mal meditadas reacciones de cólera pueden perjudicarlo a él mismo, como efectivamente ocurre con frecuencia. Pero él no logra comprender por qué sale siempre perdedor de sus interacciones con los compañeros.

El blanco provocador siempre actúa por impulsos, pero los buscadores de estímulo son más impulsivos que la mayoría. Es frecuente el diagnóstico de THDA. Los niños que padecen ese trastorno se sienten «sobrecargados de información» y actúan de manera irreflexiva en sus intentos por descargar energías.

Los buscadores de represalias

Rebecca es una chica muy reservada y vive algo avergonzada por su aspecto. Vive en conflicto con su propia imagen debido a un permanente y considerable exceso de peso, y como para empeorar la situación, desde el año pasado padece un severo brote de acné facial. Desde que tenía nueve años viene sufriendo un acoso constante, siempre a cargo del mismo grupo de chicas, y ahora que tiene doce, ha decidido que no va a seguir tolerándolo. Le parece a Rebecca que las profesoras se toman a risa sus quejas, porque le contestan que tiene edad suficiente para arreglárselas sola. Está harta de las actitudes de dos maestras, por lo menos, que la han acusado de ser «una quejica». Además cree que la profesora de educación física, una joven muy activa y atractiva, la desprecia a ella y prefiere a las chicas que no están gordas.

Últimamente Rebecca ha empezado a dejar anónimos en los que acusa a varias de sus enemigas, dando a entender que son lesbianas y que tienen relaciones sexuales entre ellas. Hasta que un día, hacia el final del curso y después de la última clase de gimnasia, las chicas la sorprenden a solas en el vestuario, la acorralan y le quitan el chándal y toda la ropa de calle, que arrojan afuera, en el cubo de la basura del colegio. Varias horas después, una vigilante descubre a Rebecca llorando en las duchas.

El caso de Rebecca es el de un típico blanco provocador que actúa motivado por el deseo de vengarse de quienes la acosan continuamente. Rebecca no ha intentado vengarse de las profesoras que le negaron su ayuda, pero ocurre en algunos casos que los acosados en busca de venganza se vuelvan contra los adultos o los espectadores que no han intervenido. Esas tentativas, por lo general, sólo sirven para complicar una situación ya de por sí dolorosa y difícil.

Si nuestro hijo nos habla de acoso, o presenta alguno de los signos de alarma, o si nos parece que exhibe características de blanco pasivo o provocador, el paso siguiente consiste en aprender cómo se debe hablar con él para resolver el problema.

Capítulo 5

Cómo hablar del acoso escolar con nuestro hijo

No hay nada más doloroso que ver sufrir a un hijo, sobre todo cuando la causa del sufrimiento es tan cruel e injusta como el acoso escolar. Tengamos presente que lo que necesita más el niño es que se lo escuche con respeto, no que nos precipitemos a resolver el problema. El niño necesita saber que hay medios eficaces y no violentos para enfrentarse al acoso, y que nosotros vamos a transmitirle esas destrezas. A ellas volveremos a referirnos con más detalle en los capítulos 6 y 7. En el presente nos centraremos en las reacciones de los progenitores cuando se descubre la situación del o la menor, así como a explicar cómo se debe hablar con él o ella.

En la medida en que el acoso perpetrado por los compañeros afecta al sentido de la propia valía, es posible que el niño prefiera ocultar que está siendo blanco de acoso. Sobre todo, si ha de temer que el adulto empeore la situación exigiendo explicaciones al abusador o a los padres de éste.

Aunque hay excepciones, es frecuente que los niños acosados tengan unos padres excesivamente protectores. Se trata de una actuación exagerada dentro del natural deseo parental de evitar que los hijos sufran ningún daño. Evitar peligros o situaciones de estrés insoportables para los pequeños, en efecto, es parte de la función de los padres. Pero cuando la protección se extiende a las situaciones y tensiones normales de la vida, como podría ser un acoso que no suponga una amenaza seria para el niño, se le está transmitiendo a éste el mensaje de que es incapaz de enfrentarse a tales situaciones por sí solo. La protección excesiva, aunque obedezca a las mejores intenciones que inspira el cariño, provoca en los niños inseguridad, ansiedad y debilidad. Cuanto más sobreprotector es el adulto, más timorato y encogido es el niño, probablemente. Los supuestos siguientes nos servirán para comprobar si nos vemos reaccionando de manera sobreprotectora como los padres de estos ejemplos.

Supuesto 1

Recientemente, un chico de doce años se muestra deprimido y pasa la mayor parte del tiempo encerrado a solas en su habitación. El padre sospecha que hay acoso porque ha oído que unos chicos del vecindario, al bajar del autobús escolar, llamaban al chico «payaso» y «borde». Como siempre ha sido un chico sensible y callado, su padre teme que no será capaz de soportar los insultos. Durante la cena le cuenta al muchacho lo que ha oído y se ofrece a llevarlo en coche a la escuela y recogerlo a la salida. El muchacho acepta y se siente aliviado. Sin embargo, le consta que la intervención del padre no va a servir de nada en los pasillos de la escuela. En realidad, ahora se siente todavía más incapaz y débil, en vista de que su padre no cree que él sea capaz de enfrentarse al problema.

Al acudir en ayuda de su hijo, el padre está enseñándole a eludir las dificultades, en vez de abordarlas de manera asertiva. Una discusión pormenorizada de la situación le habría transmitido al hijo el mensaje de que se confía en su capacidad para hallar una solución, y habría sido el planteamiento más acertado.

Supuesto 2

A una recién llegada a la escuela le ha dado por llamar «Porky» a una compañera que padece exceso de peso. La chica, que no se había visto nunca en semejante situación, rompe a llorar. Cuando se entera de los detalles la madre, sale hecha un basilisco para exigir explicaciones a la ofensora y a los padres de ésta.

Al asumir el control de la situación, esta madre está privando a su hija de una oportunidad para explorar los sentimientos que suscita en ella la ofensa, y para decidir lo que hará la próxima vez que se repita. Habría sido más útil comentar la situación con la niña y buscar juntas las posibles soluciones.

Motivos de la sobreprotección

Con frecuencia, las actitudes sobreprotectoras de los padres obedecen a la persistencia de problemas no resueltos que se retrotraen a la infancia de los progenitores. La tendencia a ser sobreprotectores puede hallarse latente. Veamos si podemos asentir a alguna de las proposiciones siguientes:

- Haber sido objeto de acoso en nuestra propia infancia.
- Ofenderse con facilidad y no saber reaccionar de manera asertiva cuando alguien ofende nuestros sentimientos.
- Haber tenido unos padres sobreprotectores.
- Querían que fuésemos «buenos» y «obedientes» pero no nos enseñaron a defendernos de las agresiones.
- De niños éramos muy tímidos o timoratos.

Algunos criterios claros nos ayudarán a determinar si estamos siendo sobreprotectores o si administramos el grado adecuado de protección. Un progenitor es sobreprotector cuando practica una o varias de las conductas siguientes:

- Hacer habitualmente por el niño cosas que él podría hacer solo.
- Comportarse como si fuese más pequeño de lo que es, como si no confiáramos en que sea capaz de enfrentarse a las situaciones propias de su edad.

- Tratar al niño como si no confiáramos en su capacidad emocional para enfrentarse a las situaciones de tensión.
- Intervenir aunque el niño —que no está lesionado físicamente ni amenazado ni muestra síntoma alguno de tensión psicológica— nos haya rogado que no lo hiciéramos.

La respuesta eficaz

Cuando el niño se halla en peligro físico, la intervención de los progenitores es necesaria. Un peligro para el bienestar psíquico puede ser no menos serio que una amenaza de violencias físicas, de modo que les toca a los padres decidir si procede su intervención ante las situaciones de acoso verbal o relacional. Si el acoso por parte de los instigadores persiste después de que el niño haya intentado todo lo que estaba en su mano para ponerle fin, la intervención parental será apropiada, por regla general. Una vez hayamos analizado nuestra reacción e impulsos iniciales ante la noticia de que nuestro hijo está siendo blanco de acoso, es necesario ponerse en comunicación con él y de tal manera que lo ayude a determinar posibles soluciones. Si nos parece que él mismo incita a ser acosado, habrá que plantear otras preguntas que contribuyan a determinar lo que hay en el fondo de ese comportamiento.

Hablar con calma

En este proceso de decidir una línea de acción es indispensable que el adulto mantenga la calma. Lo que, por supuesto, es difícil cuando nos hemos enterado de que nuestro hijo está siendo agredido de palabra o de obra. Sin duda estamos deseando salir y buscar a los padres de ese niño abusón para pedirles explicaciones y dejar unas cuantas cosas bien sentadas. O peor aún, buscar al niño abusón para someterlo a una agresión parecida. Los sentimientos de cólera son comprensibles, pero toda acción irracional y precipitada acarrea el riesgo de complicar el problema.

Pese a nuestra cólera, nuestra opinión debe ser emitida con claridad y sin adelantar juicios de valor. Ante todo se trata de que el niño o niña comprenda que se le tiene confianza. A tal efecto, la actitud de escuchar con calma y con total atención es la más indicada. Cuando hablemos con nuestro hijo nos abstendremos de insultar o calificar en modo alguno al niño agresor. Nos referiremos siempre a él por su nombre o apellido, sin agregar ningún adjetivo. Dejando bien sentado, eso sí, que nadie tiene derecho a maltratar a nadie, y que el menor que ha maltratado a nuestro hijo ha obrado mal. Pero no se puede combatir una conducta agresiva enfrentándole otros modelos de agresividad. Las técnicas de asertividad que se exponen en el capítulo siguiente y que enseñaremos a nuestro hijo también nos servirán a nosotros para conservar la calma en esta difícil situación.

He aquí una frase modelo de respuesta calmada para un caso de acoso físico:

—Estoy muy enfadado con Joey porque te ha pegado, y me pone muy triste que te haya tratado así. Vamos a ver lo que puede hacerse para que Joey no lo repita.

A veces puede ser útil relatar una experiencia de la vida real, en que nosotros mismos hayamos sido objeto de acoso y que hayamos acertado a resolver con éxito. Puede ser un incidente de la infancia o de la vida adulta, aunque el niño se identificará mejor con lo que le haya ocurrido a otro de su edad. De este modo, nuestro hijo se dará cuenta de que no está solo, de que no es el primero que se ha visto en semejante situación, y de que realmente le comprendemos.

Una madre compartía con la hija su propia experiencia de acoso verbal:

—Me entristece mucho que Jane te haya llamado gorda. Y estoy enfadada con ella por tratarte de esa manera. Me parece que estás muy ofendida. Sé lo que es, porque a mí me pasó una cosa muy parecida cuando era joven, ¿quieres que te cuente cómo lo solucioné?

Apoyemos y aceptemos los sentimientos de los niños

No hay que olvidar que el acoso puede afectar seriamente a los pequeños y que quizá necesitará todo su valor para atreverse a hablar de ello. El blanco del acoso suele experimentar cólera, tristeza y miedo. Es indispensable que los padres sepan aceptar esos sentimientos. El niño debe saber que son válidos siempre, aunque su manera de planteárselos o de reaccionar ante el problema no sea la más adecuada. Cuando note que sus sentimientos son aceptados, el niño se animará a hablar de lo que le ha ocurrido, y estará mejor dispuesto para considerar diferentes maneras de abordar el problema. Que es exactamente lo contrario de lo que sucede cuando se quita importancia a lo que él siente, o se le representa que eso es un obstáculo para la solución. Cuando los padres cortan el discurso del niño y le dicen que está mal sentir lo que siente, directamente le enseñan a desconfiar de su propia experiencia. Los sentimientos existen lo mismo si se expresan como si no se expresan o se reprimen. De ello proviene la mayor parte de las depresiones infantiles. A las niñas se les dice a menudo que no deben manifestar la cólera, y a los niños, que «los chicos fuertes no lloran». Los mensajes de esta especie no sirven de ninguna ayuda y pueden ser nocivos para el niño.

Hay que dejar sentado que cualquier cosa que él o ella diga será tomada en serio, y que no se va a restar importancia a sus sentimientos ni a la trascendencia del acoso sufrido. Nunca reírse ni tomar a la ligera lo que dice, por muy trivial que nos parezca a nosotros. Y si la descripción del acoso nos trastorna o nos subleva, no nos dejaremos atrapar por estos sentimientos al punto de olvidar los del pequeño, por mucho que estemos enfadados con el instigador, y por mucho que deseemos proteger a nuestro hijo y salir a imponer nuestra solución ignorando que él es sobradamente capaz de aportar la suya.

Cuando tenemos en cuenta los sentimientos de los hijos, éstos se sienten reconfortados, y por consiguiente, poseedores de las competencias necesarias para examinar el problema y solucionarlo. A lo mejor nos incomodan sus expresiones fuertes, pero el hecho de que el pequeño quiera manifestarse en nuestra presencia es buena señal. Cuando oigamos que nuestro hijo o nuestra hija dicen que están enfadados, o tristes, o asustados, recordaremos que todos estos sentimientos son admisibles.

OK para el enfado

Expresar de manera adecuada el enfado quizá lo ayudará a movilizar sus fuerzas y a defenderse solo. La cólera es como la gasolina. Uno puede derramar un bidón de gasolina en el suelo y formar un charco y prenderle fuego con una cerilla. Habrá una explosión fuerte, potencialmente peligrosa, pero a todos los efectos prácticos, un despilfarro de energía. Con el mismo bidón llenamos el depósito del coche y podremos ir a alguna parte. La cólera también es potente. Bien entendida, y expresada de modo adecuado, es posible que proporcione resultados estupendos al niño que está siendo blanco de acoso. Los padres pueden moldear las actitudes adecuadas en relación con la cólera. He aquí dos posibles reacciones, la primera de no aceptación y la segunda de aceptación de la cólera:

Sentimiento no aceptado

CARLOS: Me gustaría darle un puñetazo a Joey, que no deja de insultarme.

SU PADRE: No hables así. Si no tienes algo amable que decir, mejor no lo digas.

Sentimiento aceptado

CARLOS: Me gustaría darle un puñetazo a Joey, que no deja de insultarme.

SU PADRE: Entiendo que estés enfadado, Carlos, y está bien. Pero hablemos de otras cosas que puedes hacer cuando estás enfadado.

OK para la tristeza

Manifestar tristeza es una manera de decir que se ha perdido algo importante para uno. Para el blanco del acoso, la pérdida puede consistir en el respeto de sí mismo o el sentimiento de estar protegido de que gozaba antes. Para que el niño pueda empezar a explorar maneras de recuperar lo perdido, ante todo es necesario que experimente a fondo la pérdida. Como dicen los terapeutas, «el duelo es el comienzo del consuelo». La tristeza debe hallar su expresión para que se movilicen las defensas ante la pérdida. Si el niño está triste y quiere llorar, dejemos que lo haga. Es importante, sobre todo, para los chicos en una sociedad como la nuestra, que proclama con demasiada frecuencia el principio de que los hombres no lloran. He aquí dos posibles reacciones, la primera de no aceptación y la segunda de aceptación de la tristeza:

Sentimiento no aceptado

JULIA: En el colegio no me quiere nadie.

SU MADRE: ¡Bah! ¡No será para tanto! Eres demasiado exagerada.

Sentimiento aceptado

JULIA: En el colegio no me quiere nadie.

SU MADRE: ¿Eso te duele? Sí, es triste pensar que nadie la quiere a una. ¿Quieres que hablemos de eso?

OK para el miedo

Es apropiado temer a quien nos amenaza verbal o físicamente. Con frecuencia transmitimos a los niños, en particular a los chicos, el mensaje de que tener miedo es de afeminados. Mencionar el miedo no significa que el niño no sea capaz de enfrentarse al problema. Aceptémoslo para que él o ella reconozca que es un sentimiento normal. De esta manera le facilitamos los recursos para abordarlo en términos asertivos. Quizá sea oportuno contar algún caso en el que nosotros mismos fuimos los ofendidos y tuvimos miedo, y cómo se arregló todo cuando decidimos hacer frente al asunto. He aquí dos posibles reacciones, la primera de no aceptación y la segunda de aceptación del miedo:

Sentimiento no aceptado

NICK: Tengo miedo a ir a la escuela. No quiero que me peguen otra vez.

SU MADRE: No hay ningún motivo para tener miedo. Tú no hagas caso de ellos y te dejarán en paz.

Sentimiento aceptado

NICK: Tengo miedo a ir a la escuela. No quiero que me peguen otra vez.

SU MADRE: Entiendo a tengas miedo. A nadie le gustan los golpes. ¿Quieres que hablemos de cómo podrías arreglártelas con esos chicos de manera que no corras ningún peligro cuando vayas a la escuela?

Escuchar de verdad

Cuando nuestro hijo nos hable del acoso escolar, es aconsejable practicar la *escucha reflexiva* para que él entienda que se lo escucha realmente. Este tipo de actitud, llamado también *escucha activa*, consiste en prestar atención, absteniéndonos de juicios de valor mientras el niño nos participa sus sentimientos, y repetir acto seguido lo que ha dicho para demostrar que lo hemos escuchado. Interrumpiremos lo que estuviéramos haciendo en ese momento, también para que vea que tiene toda nuestra atención. Si no podemos dedicarle toda nuestra atención en el momento, le diremos al niño que hablaremos con él tan pronto como nos sea posible.

Cuando llegue la oportunidad, tomaremos todas las disposiciones para que no haya llamadas telefónicas ni radios ni televisiones que estorben. Hablar cara a cara con el niño y estimularle para que cuente todos los detalles, con el fin de hacernos una idea completa de la situación.

En el ejemplo siguiente, una madre habla con su hija:

Escucha no activa

SUSIE: Megan es muy mala. Ha dicho que estoy hecha una bola de sebo y no quiere que juegue con ellas a las cuatro esquinas.

SU MADRE: Ya sabes cómo es Megan. No le hagas caso. ¿Es que siempre hemos de hablar de lo mismo?

Escucha activa

SUSIE: Megan es muy mala. Ha dicho que estoy hecha una bola de sebo y no quiere que juegue con ellas a las cuatro esquinas.

SU MADRE: Realmente debes sentirte discriminada. Duele que le digan a una estas cosas y más cuando las demás se ríen. ¿Quieres que hablemos más de eso?

Se observará que la escucha no activa prescinde de los sentimientos y la vivencia de Susie. Al restar importancia a las percepciones y a las emociones del menor, le transmitimos la impresión de que realmente no importa nada de lo que diga, lo que viene a ser como añadir otro rechazo. Y eso es lo menos oportuno cuando el niño acaba de verse rechazado por sus compañeros. Al mismo tiempo, la madre de Susie pretende resolver el problema de la niña sugiriéndole un remedio inmediato.

Es comprensible que en muchos casos los padres quieran intervenir y resolver el problema. Pero lo que necesitan los hijos es que se los escuche, que se comprendan sus sentimientos y que se les diga que están justificados. De este modo se les comunica el mensaje implícito de que *son normales*. El problema no radica en ellos, digan lo que quieran los compañeros de la escuela o cualquier otra persona. Por tanto, queda en sus manos descubrir procedimientos eficaces para enfrentarse al acoso.

AYUDARLO A DETERMINAR POSIBLES SOLUCIONES

Ante todo hay que recordar que el problema del acoso escolar es del niño, no nuestro. Podemos darle nuestro afecto incondicional, nuestro amor, nuestra guía y nuestra confianza en su capacidad para desenvolverse, pero la tarea de poner freno al acoso le incumbe a él. No critiquemos si se ha desenvuelto mejor o peor en ella hasta ahora. Es importante que el hijo sepa que estamos ahí, siempre a su lado y dispuestos a ayudarlo con todos los medios a nuestro alcance.

Ayudémoslo a idear maneras de enfrentarse al problema. Una buena manera de generar ideas es organizar con el niño una sesión de «tormenta de ideas» para anotar el mayor número posible de las ocurrencias de ambos. Cada vez que él o ella proponga una solución para resolver el problema del acoso, lo felicitaremos por su inventiva. Las anotaremos todas, por inadecuadas o absurdas que parezcan a primera vista. Algunas serán en efecto absurdas y tal vez incluso peligrosas, pero al establecer la lista de todas sus ocurrencias se le comunica al niño la sensación de estar controlando las acciones entre las que finalmente decidirá. Esto es importante por dos motivos. Primero, que hará suya con más determinación una idea que se le haya ocurrido a él mismo. Segundo, que cuando es la persona mayor la que proporciona todas las opciones posibles, no se le concede oportunidad para confiar en su propio juicio. Puesto que no estaremos siempre a su lado para darle ideas, es mejor que aprenda a pensar de manera independiente.

He aquí algunas ideas que dan resultado a veces, cuando el niño trata de enfrentar el problema del acoso. Si no se le ocurren a él durante la sesión de «tormenta de ideas», cabe la posibilidad de insinuárselas y que él o ella explique entonces cómo se las arreglaría para ponerla en práctica.

- Ponerse a hablar con alguno de los presentes como si el abusón ni siquiera estuviese ahí.
- Procurar no entretenerse a solas en los lugares peligrosos, como vestuarios, corredores desiertos o aulas vacías. Andar siempre con otros, aunque no formen parte del grupo de amigos.
- Seguirle la corriente al abusón, diciéndole, por ejemplo «tienes razón», para alejarse enseguida.
- Evitar la compañía del abusón en caso necesario. Cambiar el recorrido entre la escuela y el domicilio, o evitar los lugares donde aquél suele merodear.
- Infundirse valor. Decirse uno mismo, por ejemplo: «Sé que esas cosas que estás diciendo de mí no son verdad. Me gusta ser quien soy».
- Tener presente que el enfrentamiento no es una opción. Los abusones, por definición, prefieren las peleas desiguales. No hay que darles ocasión a que nos hagan daño.

- Pedir ayuda a una persona adulta en caso de peligro físico.
- Recordar que los abusones disfrutan observando las reacciones que suscitan. Si se consigue representar bien una actitud indiferente, es probable que el abusón desista.

Analizaremos con nuestro hijo cada una de estas opciones, para ayudarlo a descartar las que serían susceptibles de agravar el problema todavía más, o de arriesgar una situación de peligro, o de provocar la violencia. Asegurémonos de que el niño ha comprendido por qué rechazamos por inadmisibles algunas ideas, y luego volvemos la atención hacia las que parezcan útiles y positivas. A veces los pequeños plantean una solución parcial, como el que escribió: «Me acerco a él haciendo ver que soy muy amigo suyo y entonces, si él también quiere ser amigo, le digo una palabrota». En un caso así llamaríamos la atención sobre el aspecto positivo —actuar amistosamente, lo que resulta eficaz con algunos abusones—, y luego comentamos cómo decirle una palabrota puede ser satisfactorio para el amor propio de momento, pero en fin de cuentas se corre el riesgo de complicar el problema y podría llegar a ser incluso peligroso.

Para ayudar al niño tal vez va a ser preciso hablar con la dirección de la escuela o con otras autoridades. Esta solución depende de la medida en que el niño desee nuestra intervención activa. A veces los niños creen que la intervención parental va a enconar la persecución por parte de los abusones. Si el acoso no implica agresiones físicas o emocionales graves, ni amenazas de daño físico serio, con frecuencia es mejor respetar el deseo del niño en el sentido de no intervenir demasiado visiblemente los adultos. Pero si se han proferido amenazas graves, o se está infligiendo daño físico o emocional serio, muchas veces la acción parental se impone.

Cómo ayudar al blanco provocador

Si sospechamos que nuestro hijo es de los que provocan el acoso, importa determinar cómo ve él el problema, con objeto de determinar el camino a seguir. En primer lugar lo ayudaremos a identificar el comportamiento que originó la reacción del abusador. ¿Nuestro hijo pega? ¿Insulta? ¿Persigue al otro irrumpiendo en su espacio personal? ¿Le quita los objetos del pupitre?

A continuación le dirigiremos estas preguntas: «¿Por qué te comportas de esa manera? ¿Por qué quieres que Jesse reaccione a lo que tú haces?» Le explicaremos que siempre existe un motivo para lo que uno hace, y que a veces hacemos cosas que nos meten en dificultades por no haber previsto de antemano todas las alternativas. Es posible que el niño desconozca sus propios móviles, y tal vez será necesario presentarle una serie de sugerencias, para ver con cuál de ellas se identifica más. Hay que concederle todo el tiempo necesario para que reflexione. Para orientar la discusión, he aquí una lista de motivos corrientes del comportamiento provocador, entre los que quizá figure el del niño:

El niño tal vez está buscando...

Buscadores de atención	*Buscadores de estímulo*	*Buscadores de represalias*
Una manera de hacer amigos	Una manera de hallar excitación	Una manera de sacar de sus casillas al abusón
...	...	...
Una manera de darse caché o popularidad	Una manera de divertirse	Una manera de saldar cuentas (con el instigador, con los mirones o con los adultos que no intervinieron a tiempo)

Cómo ayudar a los buscadores de atención

Los niños que anhelan llamar la atención hasta tal punto que se exponen a la violencia de los abusadores padecen una escasa autoestima. No han aprendido maneras adecuadas de conseguir el reconocimiento deseado, pero sí que pueden hacerse notar provocando un incidente con el abusón.

También es posible que el buscador de atención obedezca a una identificación inadecuada con el abusador. El blanco del acoso quizá se siente débil y desvalido; en estas condiciones, la relación con el niño agresivo, aunque sea sólo como sujeto pasivo de malos tratos, puede ayudarlo en cierto modo a sentirse poderoso, por más que en último término nos hallemos ante un comportamiento contraproducente. El abusón se ve arrastrado a un juego del gato y el ratón; el provocador se identifica con el agresor y consigue entrar en el mundo de éste.

Los buscadores de atención necesitan aprender a reconciliarse consigo mismos. Hay que ayudarlos a ello, para que puedan sentirse fuertes de maneras socialmente más apropiadas y no enfermizas. Ayudémoslos a descubrir puntos fuertes e intereses ocultos de modo que lleguen a sentirse satisfechos de sí mismos sin necesidad de solicitar la atención de otros. La información del capítulo 7 acerca de cómo construir autoestima y hacer amigos será especialmente útil para esta clase de niños.

Cómo ayudar a los buscadores de estímulos

Los buscadores de estímulos dan la impresión de actuar impulsivamente y sin meditar mucho las consecuencias. Tienen escasa capacidad de previsión y hay que enseñarles a distinguir las posibles consecuencias de sus actos, a adoptar decisiones inteligentes antes de actuar. Al hablar con el niño, trataremos de inducirlo a que descubra excitaciones o diversiones que sean productivas y que no arriesguen consecuencias tan negativas como exasperar a un agresor habitual. Para ayudarlo y que empiece a prever los resultados posibles de su conducta, podemos organizar un juego de rol, permutando los papeles de abusón y blanco y preguntando «¿qué ocurriría si...?». Como algunos de los problemas subyacentes más comunes de los buscadores de estímulo derivan a menudo de un trastorno de hiperactividad con déficit de la atención, quizá sería necesario que un profesional valorase si el comportamiento provocador del niño se debe al THDA.

Cómo ayudar al buscador de represalias

Con frecuencia es un niño que se siente consternado, incomprendido y enfadado porque las personas que a su entender deberían ayudarlo o intervenir —los compañeros de clase o los adultos, y entre éstos, los profesores y demás personal escolar, o tal vez los padres— no lo están haciendo. El deseo de venganza dirigido en principio contra el abusador se extiende entonces a todo ese mundo indiferente de los que no se enteran o no ayudan. El buscador de represalias a veces vive en un mundo de ensoñaciones violentas y las consecuencias pueden ser graves.

Un primer remedio puede consistir en discutir abiertamente los sentimientos del sujeto. A veces, lo único que este provocador furioso necesita es que alguien lo escuche de verdad, y que se empiecen a tomar medidas graduales para poner fin a los incidentes violentos. En estos casos la introducción activa de informaciones encaminadas a edificar competencias del niño probablemente solventará la situación. Es frecuente, sin embargo, que el buscador de represalias se halle seriamente deprimido, o afectado por otros problemas emocionales que comprometen su capacidad de raciocinio. En estos casos se impone el tratamiento psiquiátrico. Si el niño está hablando de vengarse de otro u otros causando un daño serio, hay que recurrir sin demora al consejo del profesional.

Una vez hemos enseñado al niño cómo explorar sus sentimientos, y después de formarnos una idea de cómo percibe el problema él o ella, así como de los posibles móviles de su respuesta al acoso, y habiendo procedido a la «tormenta de ideas» en busca de posibles remedios, nos hallamos en condiciones de dar el paso siguiente en la confrontación activa con el acoso escolar. En el capítulo siguiente se explica cómo enseñar al niño la comunicación asertiva con los abusones.

Capítulo 6

Enseñando al niño cómo oponerse sin riesgo al acoso

—¡Defiéndete! ¡No permitas que nadie te maltrate!

—¡Devuelve los golpes! ¡Dale a probar un poco de su propia medicina!

—¡Aléjate de ellos! ¡No les hagas caso!

Ante la diversidad de los mensajes culturales muchas veces contradictorios, no es de extrañar la confusión de niños y padres a la hora de enfrentarse al acoso escolar. Hay un punto de coincidencia en los estudios, y es que todos subrayan la importancia de la respuesta asertiva por parte del que está siendo blanco del acoso. La asertividad, en efecto, contribuye mucho a la protección del niño frente al acoso escolar. Pero demasiado a menudo confundimos «comportarse de manera asertiva» con la réplica agresiva de palabra o de obra. Por tanto, conviene examinar más de cerca en qué consiste el comportamiento asertivo y cómo se le puede transmitir al niño esa competencia.

¿Qué es la asertividad?

Actuar con asertividad significa, sencillamente, decirle al otro con exactitud lo que uno quiere: cara a cara, de manera concreta y con sinceridad. Muchos niños, en especial los de corta edad, apenas cuentan con una gama de respuestas a la hora de enfrentarse al conflicto entre compañeros. Por lo general no conocen más que dos reacciones: pelear o huir. Para todos los niños, por tanto, es importante que aprendan a afirmarse de manera asertiva, ya que ello pone en sus manos los medios para resolver un problema sin tener que pasar enseguida a los extremos de pelear o sufrir vergüenza. Aprender a ser asertivo es necesario para *todas* las relaciones. En el caso especial del niño, lo ayudará a desarrollar amistades válidas y le permitirá evitar el acoso escolar. El camino más corto hacia una sana autoestima es el que consiste en decir lo que se piensa y pensar lo que se dice.

Enseñar asertividad significa que el niño aprenda a responder con inteligencia a la provocación, y que no se deje manipular por el que provoca, por decirlo de alguna manera, agitando un trapo rojo. Es normal que un niño se ponga furioso cuando otro lo amenaza, pero la simple reacción agresiva no conduce a nada. Replicar al insulto con otro insulto, o aceptar la pelea, con frecuencia lleva a otras situaciones más serias. Pero tampoco se consigue nada con el repliegue pasivo. Cuando un niño huye habitualmente del enfrentamiento, su miedo se intensifica y eso lo hace blanco más probable del acoso la próxima vez. Por eso, tanto los que tienden a reaccionar de modo pasivo como los agresivos necesitan adquirir las destrezas de la asertividad, de forma que puedan enfrentarse a la mayoría de las situaciones de acoso con sus propios recursos.

Consideremos una situación de acoso en que se ha encontrado Eric. En el primer supuesto su reacción es pasiva y en el segundo, agresiva.

Respuesta pasiva

Eric es un muchacho tranquilo y estudioso de once años, que suele almorzar con su grupo de amigos. Este día el único asiento libre en el comedor está rodeado de chicos de doce años, conocidos porque suelen acosar a otros. Tan pronto como Eric se sienta y empieza a comer, uno de los que están enfrente se pone a hacer ruidos burlescos con la boca y cuando Eric levanta la mirada el muchacho dice: «¿qué estás mirando, estúpido?», y se echa a reír con sus amigos. Humillado y furioso, Eric baja la vista hacia su plato y no dice nada. Cada vez peor, porque los demás siguen haciendo burla mientras él trata de ignorarlos.

Respuesta agresiva

Cuando Eric se sienta y el que está enfrente dice: «¿qué estás mirando, estúpido?», Eric agarra la bandeja del almuerzo y se la arroja al grandullón dejándole la cara rebozada. El que hizo el comentario se pone en pie, da la vuelta a la mesa, agarra a Eric de los hombros y ambos caen al suelo peleando furiosamente.

En el primer supuesto, Eric no encontró la manera de frenar la agresión e intentó desentenderse de la situación. Como la mayoría de los niños que reaccionan pasivamente, Eric se ha sentido vulnerable, agobiado, intimidado y avergonzado. Cuantas más veces reaccione con pasividad, más difícil le resultará creer en sí mismo y en su capacidad para abordar eficazmente ningún conflicto. Pero si reacciona con agresividad, se expone a que le hagan daño.

Cualquiera que como Eric haya conocido una situación de acoso sabe que es un momento difícil. Para que no vuelva a ocurrir, probablemente lo mejor es plantar cara de manera asertiva. El blanco del acoso necesita saber que puede afirmarse sin necesidad de arriesgar el físico.

Cómo enseñar asertividad al niño

La asertividad es una competencia que se puede aprender y practicar en casa, de manera que el niño sepa lo que debe hacer cuando una situación requiera un acto de afirmación frente al instigador del acoso. También es preciso que sepa cuándo ese acto de afirmación no es lo más oportuno; en algunos casos es más hábil elegir otras opciones. Por otra parte, el aprendizaje de la asertividad lleva su tiempo, teniendo en cuenta el nivel en que se halle nuestro hijo actualmente.

Algunos niños lloran cuando se encuentran en una situación de acoso. Es una reacción normal, qué duda cabe. Da miedo enfrentarse a una persona agresiva. Para muchos abusones, sin embargo, el espectáculo de un niño que llora o que demuestra miedo viene a ser como agitar el trapo rojo frente a ellos. Para un niño es útil aprender a hacerse el indiferente cuando se le desafía. No resulta muy difícil, si llega a comprender que lo principal en esas condiciones es *saber actuar.* El niño aprende a fingir seguridad en sí mismo aunque esté muriéndose de miedo por dentro. Moverse con aplomo tiene una ventaja, y es que muchas veces la seguridad aparente acaba por convertirse en auténtica confianza en sí mismo. Con un lenguaje corporal asertivo y audaz, muchas veces uno evita ser blanco de acoso.

Lenguaje corporal confiado

El niño aprende a parecer y sentirse más seguro de sí mismo mediante algunas reglas sencillas en cuanto a la postura, la manera de andar y el contacto visual.

La postura

El blanco del acoso suele tener el defecto de caminar y sentarse como si quisiera hacerse invisible, o como si dijera: «Perdón por estar aquí. No haré ni diré nada hasta que te vayas». Anda encogido y eso le confiere un aire de debilidad. Por supuesto, esa actitud es tan ineficaz como la del proverbial avestruz que oculta la cabeza bajo la arena creyendo no ser visto por sus enemigos.

Qué hacer: Que el niño aprenda a caminar erguido, con la espalda recta y los hombros cuadrados. A él mismo y a los que pudieran tener la ocurrencia de acosarlo, eso les transmite una impresión de seguridad, de saber moverse «pisando fuerte».

La manera de andar

Y hablando de pisar, el blanco del acoso tiende a caminar muy deprisa, como queriendo pasar de largo, o demasiado despacio y con aire titubeante. Ambas maneras transmiten sensación de incertidumbre y temor.

Qué hacer: Enseñarle a andar con garbo. Le demostraremos cómo se hace y lo practicaremos juntos.

El contacto visual

Los niños propensos a ser acosados, sobre todo si además son tímidos, tienden a rehuir el contacto visual con las personas a las que no conocen, o frente a quienes se sienten incómodos. Caminan con la vista fija en el suelo y evitan mirar a los ojos del interlocutor. Es otro de los procedimientos con los que tratan de hacerse invisibles frente al posible instigador de un acoso, pero naturalmente no consiguen protegerse, sino designarse todavía más a sí mismos como blanco de aquél, al demostrar su debilidad y su temor.

Qué hacer: Que el niño se acostumbre, mediante la práctica asidua, a hablar mirando a la cara. No tardará en descubrir que así se siente más cómodo y relajado, más consciente de lo que sucede a su alrededor. Cuando pase frente a otras personas, hagamos que las miren con franqueza, como si todas fuesen amigas. Que los niños tímidos practiquen hablando con otras personas, mirando a la cara y sonriendo mientras lo hacen. Es fundamental que los pequeños aprendan la diferencia entre establecer un contacto visual adecuado para la conversación y mirar con excesiva fijeza, ya que esto último puede ser interpretado como un desafío, sobre todo por parte de los niños agresivos.

Las piedras angulares de la asertividad

Además de parecer seguro de sí mismo, el niño necesita conocer las cuatro piedras angulares de la asertividad.

1. ***Ser concreto, respetuoso y franco***. Aunque es normal sentir cólera cuando lo acosan a uno, liarse a golpes o insultos no sirve sino para agravar el problema. Pero soportar pasivamente el acoso tampoco soluciona la situación. Ser asertivo significa ser concreto, respetuoso y franco. En una gama supuesta de los comportamientos, la asertividad sería el punto medio entre agresividad y pasividad.

Pasivo——————————Asertivo——————————Agresivo

Veamos a continuación un ejemplo que proporcionará una idea bastante exacta de las reacciones infantiles según los temperamentos. Se supone que reaccionan frente a otro niño que les ha quitado la pelota.

> *Pasivo*: «Quédatela, me voy a jugar a otra parte».
> *Asertivo*: «Devuelve esa pelota, por favor».
> *Agresivo*: «¡Venga la maldita pelota o te vas a enterar!».

Como se observará, la asertividad es la expresión clara y respetuosa de lo que quiere el niño, que habla desde una actitud de autorrespeto sin provocar la riña, pero también sin renunciar a su derecho y convertirse en un felpudo.

Por lo general los niños se dejan dominar por la cólera cuando se enfrentan a una persona agresiva. Entonces lo que quieren es gritar, acusar, criticar, negar y deshumanizar al adversario. Este deseo de atacar es natural, pero los ataques no resuelven nada. Sólo sirven para empeorar las cosas.

Desde luego es difícil conseguir que un niño comprenda la necesidad de tratar al otro con respeto. Cuando el blanco del acoso se resiste a la tendencia natural a devolver insulto por insulto, es más posible que el abusón recapacite. Enseñemos a nuestro hijo que no debe insultar, ni provocar la pelea, ni maquinar astutamente venganzas crueles o insidiosas en respuesta al acoso.

2. ***Mantener una distancia física de precaución.*** A nadie le gusta ver invadido su espacio personal. La intrusión se percibe como una amenaza y algunos abusones la percibirán como un desafío directo. Enseñemos a nuestro hijo que debe mantenerse a metro y medio de distancia mientras mantiene una actitud asertiva. Esta separación servirá para evitar que el otro se considere desafiado y representa una seguridad para nuestro hijo en caso de que el abusador decida pasar a la agresión física.

3. ***Evitar el contacto físico.*** Los niños pasan con rapidez de la asertividad a los empujones, de éstos a los golpes con la mano abierta y de éstos a los puñetazos. Ser asertivo significa prohibirse uno mismo el contacto físico. Ceder a la tentación de pelear significa ponerse físicamente en peligro.

4. ***Usar mensajes que apunten al «yo».*** Cuando los niños están enfadados el uno con el otro, empiezan a volar los mensajes «dirigidos al tú»: «tú cochino», «y tú apestas», «tú gordinflón», «tú desgraciado», «y tú más», etc. Los mensajes dirigidos al tú son ofensivos, son insultantes y acarrean la escalada de la discusión. El mensaje que apunta al yo es directo, franco y respetuoso, y trata de establecer una comunicación no provocativa. Para enviar un mensaje que apunte al «yo», el niño se limitará a declarar lo que quiere y siente. En el fondo y con independencia de los términos que utilice el mensaje, el blanco del acoso está diciendo que no ha merecido ese trato injusto y que se niega a admitir las opiniones negativas del abusón. Que el niño practique la formulación de mensajes que apunten al yo en vez de los mensajes dirigidos al tú.

   Se le puede enseñar esta pauta de mensaje eficaz que apunta al yo: «No me gusta lo que estás diciendo (o haciendo) y quiero que dejes de hacerlo ahora». Como es natural, en cada caso se concretará lo que desagrada, para que el instigador deponga su actitud: «No me gusta que me llames gordo, y quiero que dejes de hacerlo ahora». O «no me gusta que hagas burla de mi ropa, y quiero que dejes de hacerlo ahora». O «no me gusta que te rías de mi familia, y quiero que dejes de hacerlo ahora».

Muchos adultos han aprendido a enviar mensajes que apuntan al yo, en los que declaran con claridad sus sentimientos (triste, enfadado, ofendido) respondiendo exactamente a lo que ha hecho la otra persona. Me parece que la inclusión de los sentimientos en sus mensajes que apuntan al yo no es necesaria para los niños, especialmente los de corta edad, por varias razones. En primer lugar, puede ser muy difícil para un niño formarse una conciencia exacta de lo que él mismo siente, sobre todo en una situación de enfrentamiento y acoso. Segundo, que algunas veces puede ser como echar leña al fuego explicarle al abusón cómo recibe emocionalmente sus abusos el blanco de ellos. Al instigador tal vez le complacerá la confirmación de que su asedio está produciendo los resultados que él desea. Con tal de que el niño diga de manera concreta, respetuosa y franca que no le gusta lo que está haciendo el abusón y que quiere que eso acabe, me parece que será suficiente en cuanto a la eficacia de ese mensaje.

Regresemos a la experiencia de Eric en la cafetería. En vez de huir de los que lo atormentan, o de escalar la situación hasta llegar a la respuesta agresiva, Eric podrá decir: «No me gusta lo que estás diciendo, y quiero que dejes de hacerlo ahora». Si los chicos siguen acosándole, puede ahora levantarse y marcharse, porque no es cobardía hacerlo después de hacer constar su deseo de que dejen de hacer lo que hacen. Es lo más inteligente. El niño no tiene por qué sentirse avergonzado, porque ya ha dicho lo que tenía que decir. Si ellos no escuchan, el problema será de ellos, no de Eric.

Cuándo plantar cara a un niño abusón

Los abusones atacan al blanco cuando se encuentran con éste a solas, pero es más probable que lo hagan estando en pandilla con varios amigos de la misma tendencia. Si nuestro hijo consigue hablar a solas con el abusón, cuando éste no cuenta con una audiencia que le jalee sus gracias, es más probable que lo encuentre dispuesto a escuchar con cierta empatía. Pero no se nos ocurra inducir a nuestro hijo para que busque ese diálogo si no lo tenemos psicológicamente preparado, o si el abusón tiene antecedentes de violencia física. De lo contrario, el momento más oportuno para que nuestro hijo haga demostración de conducta asertiva con el abusón será cuando no esté ocurriendo un abuso, y hallándose aquél en compañía de una audiencia favorable, un grupo de amigos suyos a ser posible.

En el ejemplo siguiente, Michael ha elegido estratégicamente el momento y el lugar para plantar cara a John. Obsérvese la incorporación de un lenguaje corporal que expresa aplomo, y de las piedras angulares de la asertividad.

MICHAEL: (*en el pasillo después de la clase, con un profesor a la vista y dos amigos de Michael apostados, como quien no quiere la cosa, a unos tres metros de distancia*): «Quiero hablar contigo un momento, John.»

JOHN: ¿Sí? ¿Qué pasa?

MICHAEL: (*hablando con firmeza, mirando a los ojos y plantado en postura erguida, los hombros cuadrados, a una distancia de metro y medio de su interlocutor*): «Sé que te has metido conmigo por mi exceso de peso, y quiero que dejes de hacerlo».

JOHN: (*con un ademán arrogante*): «¡Eh! No hay porqué ponerse así. No son más que bromas».

MICHAEL: (*siempre practicando un lenguaje corporal que expresa seguridad en sí mismo*): «Puede ser, pero a mí no me hace gracia. Apuesto a que a ti no te gustaría que nadie hiciera burla de ti».

Esta escena admite varias continuaciones posibles. Puede ocurrir que John se limite a ignorar la demanda de Michael y que empiece a acosarlo inmediatamente. O que respete la valentía de Michael y diga que lo siente y que no lo incordiará más. Pero, cualquiera que sea el resultado, Michael ha adelantado un paso muy importante en el sentido de superar la timidez cara a cara con John. Con su autoestima más intacta después de esta experiencia, Michael sin duda se afirmará de una manera más eficaz en un futuro encuentro con John, si el acoso persiste.

En ocasiones resulta demasiado peligroso plantar cara asertivamente al abusón. Ayudemos a nuestro hijo para que sepa distinguir las circunstancias en que plantar cara no es la línea más inteligente a fin de no salir dañado y de no empeorar la situación. El niño no debe enfrentarse al abusón en las situaciones siguientes:

- Amenaza de violencia física
- Cuando los instigadores se presentan en pandilla
- Cuando no se sienta del todo seguro de sí mismo (o de sí misma)

En las situaciones descritas, lo más conveniente será acudir a una de las estrategias siguientes:

Pedir ayuda a una persona adulta. A veces no hay más solución sino que el niño notifique que necesita ayuda a un profesor u otra persona dotada de autoridad.

Recurrir a una maniobra de distracción. En ocasiones el blanco del acoso puede sustraerse a una situación amenazante desviando la atención del instigador, diciendo por ejemplo «¡eh!, ¡que llegamos tarde a clase!» o «se acerca alguien». En la situación de peligro el niño tal vez inventará una historia para hacerle creer al abusón que se expone a ser descubierto, como por ejemplo, «hace un momento he visto al profesor Jones que venía para acá».

Huir de la situación. El niño debe alejarse tan pronto como sea posible, o incluso correr, si ve que la situación se vuelve peligrosa, e ir inmediatamente en busca de ayuda. Si no consigue alejarse y el peligro de daño físico es serio, le enseñaremos que debe gritar «¡fuego!» Esta voz de alarma es la que más probablemente atraerá el concurso de otras personas.

Ensayar la asertividad

La asertividad es una destreza que mejora con la práctica. Haremos que el niño ensaye con frecuencia el lenguaje corporal y las piedras angulares de la asertividad, para que sepa cómo debe actuar si se presenta la situación real. Le preguntaremos qué es lo que ha dicho exactamente el abusón, a fin de ayudar a nuestro hijo para que construya varios mensajes apuntados al yo y que le sirvan en la próxima oportunidad. Por supuesto, es difícil que el niño se acuerde de transmitir tal mensaje cuando está viéndose acosado por otro: en consecuencia, interesa que ello se haya convertido en una segunda naturaleza mediante la práctica asidua en casa. Que el mismo niño decida lo que va a contestar la próxima vez que se produzca un enfrentamiento, y que ensaye esas réplicas en una serie de juegos de rol. Nos turnaremos con nuestro hijo en los distintos papeles que reproducen la conducta del instigador y la del blanco del acoso, y nos explicaremos mutuamente la mejor manera de proceder.

Por desgracia, la asertividad no siempre le para los pies al instigador. A veces el niño no tendrá más remedio que evitar al abusón, idear una maniobra de distracción o solicitar la ayuda de una persona adulta. Lo que sí se consigue con la asertividad es evitar que el niño que se ve blanco del acoso interiorice el juicio negativo, o despectivo, del abusador. Es decir, evitaremos la vergüenza o encogimiento del ánimo que sobreviene con la destrucción de la autoestima. Nuestro hijo aprenderá a respetarse a sí mismo, y también a hacer amistades: dos factores que son elementos críticos de protección contra el acoso escolar.

Capítulo 7

Cómo superar los problemas comunes de los acosados

«¡Estoy harta de ser pelirroja!» «¿Por qué he de ser el único chino de nuestra escuela?» «Me gustaría ser un poco menos inteligente.» «No me gusta ir a la escuela. No tengo ningún amigo allí.» Son quejas típicas del niño convertido en blanco habitual del acoso. Éstos, comparados con otros niños, padecen dificultades más acusadas en los dos aspectos que son críticos durante cualquier época de la infancia: sentirse a gusto consigo mismos, y hacer amigos y conservarlos. Cuando el pequeño ha aprendido lo esencial de la asertividad, se lo puede ayudar a superar las demás consecuencias del acoso por medio de ejercicios que le desarrollarán un sentido adecuado de la autoestima, así como la facilidad para relacionarse socialmente.

Cómo desarrollar una saludable autoestima

Todo niño, con independencia de cuáles sean sus limitaciones físicas, intelectuales o emocionales, tiene derecho a saber que se lo acepta, se lo quiere y se lo valora profundamente. Cuando los padres y otros adultos, así como los compañeros de edad, transmiten mensajes de aceptación, ese niño edificará con seguridad una sana autoestima. Es decir, que se admite a sí mismo tal como es y no se compara con otros, ni desea ser diferente, ni envidia la manera de ser de nadie. Entiende que nadie es perfecto y que su yo auténtico y genuino define las mejores posibilidades a su alcance.

El niño que padece baja autoestima carece de estas seguridades. Los niños sometidos a persistente acoso por parte de sus compañeros muchas veces dudan de sí mismos y temen las críticas ajenas a un grado paralizante. Se sienten inadecuados en un plano muy profundo, que va mucho más allá del supuesto defecto anatómico o diferencia étnica o de extracción social que le señalan las mofas del instigador. *Los avergüenza ser lo que son.* Cuando se critica a un niño por algo que está en su mano remediar —como por ejemplo, haber sacado un «insuficiente» en la última evaluación porque no estudia— él sabe que el fallo ha sido suyo y que tal vez mereció ese resultado. Puede interiorizar dicha conclusión y tenerla en cuenta la próxima vez que se acerque una evaluación. Si mejora su rendimiento, se sentirá satisfecho consigo mismo. Pero cuando se lo critica incesantemente por algo que no tiene remedio, sus rasgos faciales o su estatura, su origen familiar o alguna discapacidad, a lo peor llega a la conclusión de que lo malo es *ser lo que es.*

Ahora bien, aunque sea cierto que el acoso por parte de los compañeros afecta en sentido negativo a la autoestima del niño, por fortuna los padres disponen de muchos medios para contrarrestar y superar esas influencias. He aquí algunas maneras de mejorar la autoestima de nuestro hijo.

Enseñarle una actitud positiva

No dejemos que se encierre en cavilaciones autodenigrantes

Los chicos del vecindario la han tomado con Ben por su falta de acierto al batear. Casi todas las veces que se pone falla el golpe, y nadie quiere tenerlo en el equipo. Hasta el día que regresa a casa y dice:

—Estoy harto. Soy un beisbolista fatal y no pienso continuar jugando.

Sin embargo, el padre de Ben sabe que su hijo es muy buen

lanzador, y también sabe que todo proviene de un par de chicos que siempre van a la cancha para reírse de los golpes fallidos de Ben. Lo que pasa es que últimamente el chico, en vez de confiar en sus puntos fuertes, está fijándose más en lo que no sabe hacer bien.

—Yo no creo que seas tan malo, ¿sabes? A lo mejor, si dedicaras más tiempo a entrenarte con el bate le acertarías más veces a la bola. Todo el mundo tiene talento natural para algunas cosas, y en cambio le cuesta más aprender otras. ¿Qué te parece si salimos al patio esta tarde y te lanzo algunas bolas?

En ocasiones, es cierto que después de la tempestad viene la calma. Ayudarlos a encontrarla, a veces, entra en los cometidos de ser padre.

Prodigar elogios con generosidad, pero que sean concretos

Observa los éxitos de tu hijo y no regatees el reconocimiento cuando ha superado un desafío difícil

El blanco del acoso se desanima con frecuencia y no concede importancia a sus propios triunfos. A todos nos gusta recibir una palmada en la espalda y saber que nuestro esfuerzo está siendo reconocido. Para desarrollar la autoestima del chico, sin embargo, no basta que nos pongamos a aplaudir cualquier pequeño esfuerzo que haga. Es cuando ha salido airoso en una empresa concreta, cuando ha progresado de alguna manera, el momento oportuno para reconocérselo. A veces, el hecho de abordar un reto difícil, aunque no culmine en ningún triunfo señalado, es de por sí un éxito. Muchas de las cosas que suelen tenerse por éxitos en la vida —en lo social, en lo intelectual o en lo material— requieren el desarrollo de unas competencias determinadas, así como una práctica. Por eso, en vez de elogiar en términos vagos y generales hay que alabar los resultados y las conductas concretas, sobre todo cuando nos conste que han representado una especial dificultad para él o para ella. Los ejemplos siguientes ayudarán a entender la distinción entre la alabanza concreta que ayuda a construir autoestima y el elogio genérico, que es bastante menos eficaz.

Elogio concreto

«Buen trabajo el de tu última prueba de matemáticas. Sé que te ha costado muchas horas de estudio.»

«Me he sentido muy orgulloso de ti durante la función. Improvisaste tan bien cuando se te olvidó esa entrada, que no creo que nadie del público lo haya notado.»

Elogio genérico

«Eres un buen estudiante.»

«Estuviste bien hoy.»

Despejar tristezas

Enseñémosle a ver las cosas con optimismo

Muchas personas esperan siempre lo peor de la vida. Se les ve de lejos. Son los llamados «pesimistas». A veces los niños con baja estima son pesimistas porque los domina el desánimo. Pero las actitudes pesimistas ahuyentan a los demás niños. Si nuestro hijo tiene una actitud pesimista va a resultarle difícil hacer amigos y conservarlos. Enseñarle a ser optimista no significa obligarle a creer que todos los días luce el sol sin nubes o que las rosas no tienen espinas. Significa alegrarse de que llueva de vez en cuando y de que las zarzas produzcan rosas. El optimista es un realista, pero esperanzado y que prefiere ver el lado brillante.

En los niños el pesimismo se da generalmente por tres razones:

- Está exagerando un fondo de verdad, para llamar la atención y que alguien le haga caso.
- Intenta evitar alguna dificultad.
- Intenta ganarse las simpatías de alguien.

Cuando lo vea todo negro, seguiremos estos tres pasos para ayudarlo a cambiar su modo de plantearse la vida:

- Practicar la escucha activa, prestando atención a los sentimientos que parece expresar el niño y haciéndose eco de ellos.
- Observar si el pequeño utiliza una terminología pesimista, con frecuente aparición de expresiones absolutas del tipo *no puedo, siempre, nunca, nadie* y *todos.*
- Ayúdalo a cambiar su manera de contemplar las situaciones redefiniéndolas para él en términos más optimistas.

Sirvan estos dos ejemplos para ilustrar el papel del ahuyentador de pensamientos sombríos:

Lo que dice el niño:

«*Nadie* quiere jugar *nunca* conmigo.»

«*No puedo* con este ejercicio de matemáticas.»

Lo que decimos nosotros:

«Suena como si te sintieras solo y te gustaría tener más amigos, pero ¿qué me dices de tu amiga Lisa que estuvo aquí ayer mismo?»

«Pareces muy contrariado, pero es que las cosas nuevas son más difíciles de aprender. Estoy seguro de que lo conseguirás, si tienes paciencia. ¿Lo has intentado con la fórmula que estudiaste la semana pasada?»

Emplear el humor

Enseñarle a tomarse la vida un poco más a la ligera

El acoso crónico hace a los niños hipersensibles, que no es la mejor disposición para aprender a reírse de uno mismo. Tienen los nervios a flor de piel y sienten la necesidad de permanecer constantemente a la defensiva. Pero por otra parte, cuando un niño aprende a reírse de sí mismo, ningún instigador tendrá mucho poder sobre él. Entre las posibles respuestas al acoso, una de las mejores consiste en hallar algo divertido en lo que dice el instigador. Que nuestro hijo practique el arte de dar respuestas humorísticas, aunque no provocativas, encaminadas a quitar el detonante a las situaciones.

Para servir de modelos de una sana autoestima, lo mejor es no tomarnos demasiado en serio a nosotros mismos. Que nuestro hijo pueda observarlo cuando el momento sea oportuno. Necesita comprender que los desafíos en broma no significan una falta de aprecio o una demostración de enemistad, sino todo lo contrario (en ausencia de mala intención, naturalmente). Puede ser útil que el pequeño aprenda a reírse e incluso a reaccionar con una réplica ocurrente. Que aprenda de nosotros a tomarse la vida un poco a la ligera.

Animarlo a asumir riesgos razonables

Enseñémosle que es útil tener valor para cometer errores

El niño que dice «no había hecho esto nunca, pero creo que puedo», demuestra un grado apreciable de conciencia de su propia valía. En cambio, los niños que se encogen ante el riesgo siempre se hallarán en conflicto con su autoestima. En el primer caso, ese rasgo de la personalidad proviene de las reiteradas satisfacciones obtenidas intentando cosas nuevas, conociendo a gente nueva y abordando retos difíciles. En cambio, ceder al temor, replegarse ante lo nuevo o ante el desafío de lo desconocido es un gran impedimento para el progreso personal.

Lo contrario —enfrentarse a los propios temores, hacer lo necesario aunque nos dé miedo— es el medio más seguro para que el niño vaya adquiriendo confianza en sí mismo.

El niño que ha sido frecuente blanco de acoso se siente en la necesidad de hacerlo todo a la perfección o desiste de intentarlo. Con frecuencia deja las cosas de un día para otro, y actúa en estado de fuerte ansiedad. A menudo evita intentar cosas nuevas por miedo al ridículo, sobre todo en presencia de sus compañeros de edad.

Los padres tienen la posibilidad de infundir valor a sus hijos. Una manera de conseguirlo es participarles las ocasiones en que nos hemos enfrentado a un desafío aunque nos pareciese temible. Que se animen a asumir riesgos razonables en vez de emprender siempre el camino más fácil. Este ejercicio puede revestir diversas formas, desde apuntarse a actividades deportivas hasta las actividades extracurriculares más exigentes, como la música, la pintura o el arte dramático. También conviene intensificar la participación en actividades sociales con otros niños, como estancias en campamentos de verano o grupos excursionistas, sobre todo si nuestro hijo es tímido o retraído, o está tratando de afirmarse frente a un acoso por compañeros de edad. Los nuevos compañeros querrán ser amigos suyos o no. Durante la práctica del atletismo a lo mejor se da un batacazo, o no, y es posible que se le olvide una entrada durante la función de final de curso. O no. El niño que tiene una saludable autoestima no permite que esas eventualidades sean un obstáculo en sus elecciones.

De hecho, es la cualidad más importante de entre las que poseen los niños. Para desarrollar la autoestima de sus hijos, a los padres se les requiere algo más que prodigar palabras de ánimo, inundar a los hijos de elogios o ponerles una camiseta que diga «soy especial». No es tan fácil construir la autoestima. Es un proceso gradual. Hay que predicar con el ejemplo día a día, esto es fundamental pero no suficiente: nuestras palabras y nuestras acciones deben demostrar que confiamos real y auténticamente en nuestro hijo.

Cómo ayudarlo a hacer amigos

Los niños dotados de facilidad para rodearse de amigos pocas veces tienen problemas con el acoso escolar, porque los instigadores tienden a fijarse en los que no tienen amigos, en los socialmente aislados. La facilidad mencionada es posiblemente el factor que más contribuye a evitar el acoso. En muchos casos, el niño socialmente aislado es de temperamento tímido y resulta blanco del acoso porque no tiene a nadie que lo defienda. Estos niños deben realizar el esfuerzo añadido necesario para adquirir esas competencias sociales. En lo que sigue pasaremos revista a algunas ideas que pueden ayudarlo a hacer amigos.

Hacer amigos requiere tiempo y dedicación

Jessica es una niña tímida y le gustaría tener amigas, aunque es la preferida de las maestras. Come sola y pasa los recreos hablando con las maestras en vez de jugar con el resto de las niñas. Sus compañeras la acosan de palabra llamándola «empollona» y «pelota» porque parece que aprecia más a las profesoras que a sus compañeras de edad. Después de la escuela, en vez de invitar a otra niña se sienta delante de la televisión todo el rato que no dedica a estudiar. Prefiere la seguridad de la compañía adulta, o de la «niñera electrónica», al riesgo de verse desairada por unas compañeras a las que percibe como socialmente superiores. El sentimiento de inferioridad social de Jessica desaparecería poco a poco si ella se animase a desarrollar su sociabilidad y a poco que tuviese algún éxito en el intento de hacer amigas.

En la amistad, como en todo lo demás de la vida, hay que dar para recibir. Algunos niños, en especial los tímidos y los deprimidos, no realizan un esfuerzo suficiente para encontrar, hacer y conservar a los amigos, quizá porque creen que eso debería ser más fácil. Una niña como Jessica necesita que alguien le enseñe que se necesita tiempo y una cierta dedicación, e incluso así no siempre se obtiene el resultado deseado. Para un niño tímido, hacer amigos significa realizar el esfuerzo de abandonar la zona confortable de sus actividades solitarias (como mirar la televisión, enfrascarse en sus videojuegos o leer). Tiene que dedicar algún tiempo a estar con sus compañeros. La dedicación excesiva a las actividades solitarias los priva de experiencias, de momentos valiosos que podrían disfrutar con niños de su edad.

A los niños que pasan demasiado tiempo a solas hay que recomendarles que reciban a algún compañero de su sexo, para estudiar y jugar juntos, y que pernocte en casa o no. También podría ser una amistad del sexo opuesto, que son muy educativas para los pequeños. Pero en el caso del niño con dificultades para hacer amigos, tal vez sea más aconsejable tratar de intentarlo con los compañeros de su mismo sexo, lo cual lo ayudará a sentirse más cómodo y facilitará su identificación de rol.

Para hacer amigos hay que ser amigo

Los niños que tienen pocos amigos suelen crearse sus propias ansiedades porque siempre están deseando que las cosas sean de otra manera, en vez de emprender las acciones necesarias para cambiarlas. A menudo, ellos mismos empeoran la situación porque rehuyen las actividades y las ocasiones que les permitirían hacer amigos. Cuando por fin se deciden a pasar un rato con otros niños en el patio de la escuela o en los jardincillos del vecindario, en vez de abrirse a los demás dedican toda su energía emocional a tener miedo y a esperar que alguien se decida a invitarlos. Los niños tímidos, en especial, viven tan pendientes de su propia ansiedad y del malestar que les causa la presencia de otros, que la iniciativa necesaria para buscar amigos les supone un desafío formidable. Así como «todo el mundo simpatiza con los simpáticos», para tener amigos hay que ser amigable. Y para comportarse amistosamente hay que albergar sentimientos de amistad. Si tenemos un hijo tímido, hagamos que practique el comportamiento amistoso lo mismo que le enseñábamos a ser asertivo frente a los abusones adoptando actitudes de aplomo y confianza en sí mismo. Que practique en casa los diálogos para invitar a jugar a otros, o para iniciar una conversación amistosa manteniendo el contacto visual. Cuando se vea él mismo en condiciones de hacerlo con naturalidad, que ensaye estas conductas en la escuela.

Practicar el juego limpio

La madre de Sasha ve que Hannah sale disparada con su videojuego preferido bien amarrado debajo del brazo.

—Si esperas que vuelva a jugar contigo puedes esperar sentada —dice Hannah casi sin volverse.

—¿Qué ha pasado? —pregunta la madre de Sasha.

—¡Bah! ¡Estoy harta de ella! —gruñe Sasha—. Yo sólo he dicho «ja, ja, te he ganado otra vez», y ella se ha enfadado y no ha querido jugar más. Qué tonta.

En ocasiones, a los niños que tienen dificultad en las relaciones con sus compañeros de edad les falta aprender que hay que saber ganar con elegancia lo mismo que perder. Los perdedores resentidos y los ganadores fanfarrones estropean las amistades. Cuando un niño demuestra poca deportividad, esa falta muchas veces puede retrotraerse a sus progenitores. Si observamos conductas antideportivas en nuestro hijo —como protestar las decisiones del árbitro, echar la culpa del tanto en contra a un compañero de equipo o envanecerse después de una buena jugada y hacer ademanes de burla al equipo contrario— consideremos nuestras propias actitudes. ¿Mantenemos la ecuanimidad lo mismo cuando ganamos que cuando perdemos? ¿Damos ejemplo de deportividad en nuestros propios juegos o competiciones? ¿Y cuando estamos viendo un partido en la televisión? ¿O cuando asistimos a las actividades deportivas en que participa nuestro hijo? En nuestra sociedad predomina demasiado el afán de ganar cueste lo que cueste, en vez de respetar todo esfuerzo meritorio. Nuestros hijos deben aprender que lo importante no es la perfección, sino dar lo mejor de uno mismo.

Las actividades organizadas

Randy es un chico de siete años, tímido y de estatura algo inferior a la de sus compañeros de clase. Hasta hace poco solía pasar todo su tiempo libre delante del televisor, o ayudando a su madre, o jugando con su hermano pequeño. En los recreos del colegio suele acercarse al grupo de las niñas, lo que le ha valido las burlas de sus compañeros. Randy no tiene modales afeminados ni le gustan especialmente los juegos a que son aficionadas las niñas. En realidad preferiría que los chicos lo aceptasen y participar en juegos más violentos y «propios de muchachos». Pero Randy ya ha empezado a sentirse excluido y no sabe cómo romper con la pauta que se ha marcado a sí mismo. En el segundo grado escolar, los niños que se arriman a las niñas se exponen a ser acosados. Salvo si esa elección le parece satisfactoria y perfectamente natural, es mejor que el niño aprenda la socialización con los de su sexo.

La madre de Randy empieza a preocuparse porque observa que el chico no trae amigos a casa después de la escuela. Una conversación le sirve para descubrir lo que ella sospechaba, que Randy tiene dificultad para hacer amigos. Entonces recuerda que al niño le gusta mucho *Karate Kid*, una de las películas de vídeo de la colección familiar. Con la esperanza de que unas clases de kárate le faciliten a Randy el trato con otros chicos, lo apunta a un cursillo preparatorio de artes marciales. Como a ella le consta, en esas disciplinas se enseña, sobre todo, el dominio de sí mismo, el respeto al otro y el desarrollo de la autoconfianza. Randy reacciona con un entusiasmo perfectamente descriptible, no porque no le guste la proposición sino más bien por temor a parecer «raro», así como a seguir viéndose hostigado por los demás en las clases de kárate. Pero su madre ya lo ha inscrito.

—¿Es necesario que vaya? —pregunta.

—Sí —replica su madre con firmeza—. Es importante que lo intentes al menos. Quiero que asistas cuatro veces, y si luego decides que no te gusta, volveremos a hablar.

En la primera sesión Randy se hizo amigo de un chico de otra escuela, muy parecido a él mismo. Su actitud mejora espectacularmente, y empieza a mostrarse más confiado consigo mismo en sus relaciones con los compañeros de colegio. Después de la segunda asistencia al cursillo, se lo ve jugando en el patio con ellos. Al cabo de poco tiempo, ha hecho varios amigos entre los compañeros. Y después de la cuarta sesión le dice a su madre que quiere tratar de conseguir el cinturón naranja. La madre deja de preocuparse por la capacidad de Randy para hacer amigos en la escuela.

En efecto, las actividades organizadas son un buen medio para facilitar las amistades entre los niños, porque la base de toda amistad es un interés común. Algunos chicos, como Randy, sacan más provecho de las organizadas fuera de la escuela, porque se libran de los roles infelices en que los tiene confinados el entorno escolar.

Los clubes deportivos, el escultismo, las organizaciones excursionistas, los grupos de teatro infantiles, las orquestas y otras agrupaciones infantiles de música, los cursillos de artes marciales, no son más que algunos ejemplos de las actividades que facilitan amistades a los niños desde los grados elementales hasta el final de la enseñanza secundaria.

Sin embargo, no hay que excederse apuntándolos a toda clase de actividades. No conviene que los niños tengan toda la jornada planificada, al menos hasta que comience la asistencia al instituto. Las actividades organizadas, por más que sean divertidas para ellos y muy beneficiosas para su desarrollo social, intelectual, artístico y corporal, no deben agotar todo el tiempo libre. Si se desequilibra demasiado la balanza a favor de las actividades organizadas, puede ocurrir que resulte perjudicada la sociabilidad del niño, en contra de lo que pretendíamos conseguir. Hay que dejar un margen de tiempo no estructurado para dedicarlo a jugar libremente con los compañeros de su elección, charlando, discutiendo y resolviendo por sí mismos sus problemas, o no se desarrollarían verdaderas amistades. Los padres pueden ser una gran ayuda para que los hijos aprendan a repartir su tiempo libre entre actividades estructuradas y no estructuradas.

Que aprendan a hacer las cosas que gustan a los demás

Christopher se ve acosado todos los días en la escuela por un grupo de chicos de su edad, once años. Es porque canta en el coro escolar, toca el violín en la orquesta y no demuestra ningún interés por cosa alguna que no pertenezca al dominio estricto de la música. Christopher se da cuenta de que año tras año crece su inquina contra los compañeros que lo incordian por su pasión musical. Se considera superior a ellos y no tiene ninguna intención de rebajarse practicando los vulgares deportes y videojuegos que agradan a los demás, pese a que tales actividades apropiadas para su edad podrían distraerlo y ayudarlo a ganar amigos.

En ocasiones, a los pequeños les cuesta hacer amigos, no porque sus aficiones sean diferentes, sino porque no demuestran ningún interés en absoluto hacia las actividades de sus compañeros. Es importante que los niños tengan unos intereses de su elección y los cultiven, gusten o no gusten a los compañeros. Pero también es necesario hacerles comprender que viven en una comunidad y que una parte de la vida en comunidad consiste en valorar y apreciar al menos una parte de las actividades preferidas por los compañeros.

Procuremos ensanchar el abanico de los intereses de nuestros hijos. Al practicar muchas actividades diferentes, podrá sentirse a gusto en distintos medios sociales y con una selección más amplia de compañeros de edad.

Que traten a los demás como a ellos les gustaría ser tratados

Casi todos los días Seth, de nueve años, se queja a sus progenitores de que en la escuela nadie lo quiere. El padre solicita una entrevista con la profesora, y ella le confirma que los demás chicos rehuyen a Seth y que durante los recreos, éste suele distraerse jugando a solas en los columpios del patio. Y sigue diciendo que Seth suele empeorar la situación provocando a los demás, por ejemplo quitándoles la pelota con la que juegan y lanzándola fuera del patio.

Elegir, ganar y conservar a los amigos significa, además de salir, jugar y practicar actividades con ellos, *ser buen amigo*. A veces los niños socialmente aislados son buscadores de atención o buscadores de estímulos. Hacen cosas que irritan a los demás, dicen tonterías inoportunas o plantean exigencias que provocan y así se convierten en blanco del acoso. Si sospechamos que nuestro hijo suscita o provoca el acoso por parte de otros, trataremos de averiguar qué es lo que le impide hacer amistades. Para una comprensión más completa, posiblemente será necesario hablar con los profesores, que pueden explicar mejor cómo se desarrollan sus relaciones durante los juegos o en las clases.

Capítulo 8

Cuando nada parece dar resultado

Supongamos que lo hemos intentado todo con nuestro hijo, por lo que se refiere a sus competencias de asertividad, ganar amigos y autoestima, y que pese a ello sigue siendo blanco del acoso de sus compañeros. En este punto puede ser útil considerar otras opciones: ponerse en contacto con la escuela para que colabore en una posible solución, solicitar el parecer de un psicoterapeuta profesional o incluso llamar a la policía, pueden ser medidas aconsejadas según se presente la situación.

Cuándo conviene recurrir a la escuela

Melinda, de doce años, lleva varias semanas de conflicto con un compañero de clase abusón, y está empezando a tener miedo. Zachary, un chico nuevo en la escuela, empezó con la pretensión de darle un beso en el autobús escolar. Cuando ella se negó, él la retuvo empujándola contra el respaldo y le dio el beso quieras que no. A partir de ese momento, anda empeñado en que Melinda es su novia y la tiene amenazada porque no quiere que hable con otros chicos. Ella le ha replicado con firmeza que ni lo sueñe, y que hablará con quien ella quiera. Melinda se ha quejado al conductor del autobús, y les han cambiado las plazas para evitar que Zachary se siente al lado de la muchacha. Desde hace varios días, cuando pasa junto a ella el acosador la cubre de insultos, pero en voz baja de modo que no lo oiga nadie más. Ella procura no hacerle caso, pero Zachary es muy obstinado. El otro día la pilló hablando con un muchacho, y cuando se hallaron en el autobús murmuró al pasar por su lado:

—Sé dónde vives, y cuando salgan tus padres vendré a por ti.

La experiencia de Melinda es un buen ejemplo de cuándo conviene que los padres acudan a la autoridad escolar. A veces, los de más edad temen que la intervención de la escuela enfurezca a los acosadores, y solicitan que nos abstengamos de hablar con la dirección. Pero cuando todo lo demás ha fracasado, y el acoso no cesa, y además se plantea un riesgo serio de daño físico o emocional, ese paso es necesario. Las autoridades escolares tienen la responsabilidad legal de proteger a los alumnos durante la permanencia en el recinto escolar, dentro del horario lectivo o durante las actividades organizadas por la escuela, así como durante los trayectos en un medio de transporte escolar. El personal docente está obligado a proporcionar un entorno seguro y pacífico que favorezca la asimilación de los conocimientos. Para que se cumpla todo eso, sería menester que el personal escolar permaneciese atento a las situaciones de acoso, pero en muchos casos la escuela no puede hacer nada si los padres no acuden a contar con exactitud lo que está ocurriendo.

Cómo colaborar con la escuela

Aunque la autoridad escolar suele intervenir con rapidez cuando se plantea algún problema de acoso, a veces no son tan diligentes. No permitamos que intenten restar importancia a lo que ocurre, si nos consta que hay indicios de daño físico o emocional. Ni que traten de darnos largas con promesas inconcretas como «nos mantendremos atentos» y «descuide que aquí nos ocupamos de eso». Hay que dejar bien sentado que esperamos que la escuela proporcione un entorno seguro donde nuestros hijos puedan estudiar. Pero no es aconsejable adoptar de entrada una actitud de enfrentamiento con la autoridad escolar. No hay que perder los estribos, ni gritar, ni proferir amenazas.

Es aconsejable familiarizarse con el reglamento de la escuela. Muchos establecimientos docentes tienen normas claras acerca de lo que se considera un comportamiento adecuado, y señalan las consecuencias disciplinarias de las infracciones a dichas normas. A veces el acoso rebasa incluso el marco de los reglamentos y entra en categorías contempladas por el Código Penal.

Las nociones siguientes pueden servirnos de ayuda a la hora de recabar la colaboración de la autoridad escolar.

1. ***¿En qué consiste el acoso concretamente? Tratar de obtener la mayor cantidad posible de información.*** En ocasiones los niños se resisten a mencionar todos los detalles. Intentemos conseguirlos sin forzar ninguna situación. Para ello es aconsejable que las preguntas se ciñan a la mayor concreción:
   - ¿Quién es el acosador, o los acosadores si interviene más de uno?
   - ¿Han sido testigos del acoso otros niños? ¿Quiénes?
   - ¿Qué se hizo o se dijo exactamente?
   - ¿Se han producido agresiones físicas?
   - ¿Se reitera el acoso con carácter habitual?
   - ¿Ocurre siempre en los mismos lugares o a las mismas horas?
   - ¿Qué sentimientos ha suscitado el acoso en el niño?

2. ***Fijar una reunión padres-hijo con la autoridad escolar adecuada.*** Antes de realizar ninguna llamada releeremos el reglamento escolar para determinar quién debe ser nuestro interlocutor. Se tratará, según los casos, del director de la escuela, el jefe de estudios o el tutor encargado de la clase (o varios profesores, dependiendo del caso). No nos limitemos a llamar para poner el problema en conocimiento de una voz desconocida. El acoso escolar tiene importancia suficiente para merecer una entrevista cara a cara. En la reunión contaremos al personal de la escuela todos los detalles que nos haya participado el niño o la niña.

3. ***Coordinar un plan de actuación.*** La finalidad de esta reunión es elaborar un plan que ponga fin al acoso. No dejaremos de preguntarle al niño qué clase de solución preferiría. Muchas veces los pequeños tienen buenas sugerencias. Cuando los profesores y el resto del personal escolar tienen localizado el fenómeno del acoso en el lugar y momento en que se produce, ellos se hallan en mejores condiciones de sugerir lo que deberá hacerse. Se debe tomar nota por escrito de las medidas acordadas y de cómo se prevé ponerlas en práctica. Este plan de acción debe incluir una conversación seria con todos los niños implicados en el acoso y también con sus padres. En la mayoría de los casos el plan implicará también el establecimiento de una vigilancia especial para nuestro hijo, medida que en sí misma suele ser suficiente para terminar con el acoso o reducirlo en gran medida. Procuraremos persuadirnos de que todas las partes interesadas tienen su copia del plan y han entendido bien su finalidad y las medidas concretas que se van a tomar. Antes de dar por terminada la entrevista y llevarnos a nuestro hijo, se acordará otra para la semana siguiente, aproximadamente, a fin de controlar el cumplimiento del plan de acción.

4. ***Poner en práctica lo acordado.*** Es la fase de cumplimiento del plan.

5. ***Revisión del plan en la reunión de control.*** Que el niño nos diga si la situación ha mejorado. En la entrevista se introducirán los reajustes necesarios, siempre en interés de la seguridad de nuestro hijo o hija. Véase a continuación un ejemplo de cómo incluso un cambio menor puede frenar el acoso en seco.

Anthony, de once años, se quejó a su padre de dos muchachos de su edad que lo insultaban llamándole «chivato» y «rastrero», y le daban empujones cuando lo sorprendían a solas. Intentó ser asertivo, y también ignorarlos, pero no se adelantó nada con ninguna de las dos tácticas. Anthony explicó que el acoso empeoraba a la hora del almuerzo, porque su última clase de la mañana se daba en un aula situada en el extremo del edificio opuesto a los comedores. De modo que al salir de la clase llegaba siempre tarde al comedor y todas las mesas donde se sentaban sus amigos estaban completas. Le parecía que con ellos estaba a salvo del acoso, y su padre le preguntó al director si autorizaría que Anthony saliera de la clase dos minutos antes, a fin de encontrar asiento en el comedor al lado de sus amigos. Esta petición fue aceptada y además el director llamó a los dos abusones y a sus padres, para explicarles el problema, la solución adoptada y el castigo que les correspondía a ellos. Una semana más tarde, en la reunión de control, Anthony, su padre y el director pudieron celebrar el éxito de su plan de acción, que había puesto fin al acoso.

Cuándo ponerse en contacto con un terapeuta

Es natural que los padres supongan que el problema del acoso dejará de ser tan agudo si los hijos realizan un esfuerzo por mejorar su asertividad, su autoestima y la capacidad para hacer amigos. En muchos casos así es. Pero a veces, hay indicios que sugieren la necesidad de consultar a un profesional de la salud mental. Los que han sido blanco de acoso suelen padecer depresiones, excesiva ansiedad y deseos de no asistir a la escuela, e incluso trastornos por estrés postraumático. Para decidir si nuestro hijo necesita una terapia, los criterios principales son si parece que está mejorando sin necesidad de ayuda, y si los síntomas son tan serios que interfieren con la actividad cotidiana normal.

La depresión

Cualquier indicio de que el niño se halle deprimido hay que tomarlo en serio. Los niños expuestos a un acoso persistente desarrollan ideas suicidas con mayor frecuencia, comparados con los que no padecen tal situación. Si nuestro hijo manifiesta preocupaciones relacionadas con la muerte, o se refiere al suicidio o amenaza cometerlo, es indispensable recurrir sin pérdida de tiempo al asesoramiento profesional. Como no es corriente que un niño pida hablar con un consejero o terapeuta, son los padres quienes deben mantenerse atentos a estos síntomas comunes del trastorno emocional en cuestión, que tiene un tratamiento:

- Elige dedicar todo su tiempo a actividades en solitario (televisión, videojuegos) en vez de pasarlo con los compañeros
- Amenaza o intento de suicidio
- Baja repentina del rendimiento escolar
- Aspecto apático
- Síntomas de fatiga inexplicable
- Duerme demasiadas horas, o no duerme lo suficiente
- Pérdida de apetito, o accesos de gula excesiva
- Aspecto triste y abatido
- Tiene explosiones inesperadas de cólera

La ansiedad

En ocasiones el niño tiene tanto miedo a ir a la escuela, o a encontrarse con sus compañeros en cualquier lugar, que llega a desarrollar una ansiedad excesiva. Cuando un temor se hace tan persistente que estorba el desarrollo normal de las actividades, es aconsejable recurrir al asesoramiento profesional. Consideremos la entrevista con un psicoterapeuta si el niño o la niña muestra uno de los comportamientos siguientes:

- Reacción invariable de temor a la escuela
- Llora, se agarra al progenitor, se queda yerto de pánico o se arroja al suelo y patalea a la hora de ir a la escuela
- Se niega en redondo a ir y no atiende a razones, pero tampoco se explica con claridad
- Se marea y vomita con frecuencia en la escuela, interrumpiendo la jornada escolar, o presenta dolores de cabeza, de estóma-

go u otros trastornos físicos a la hora de salir para la escuela o para actividades extraescolares con presencia de sus compañeros de colegio

Trastorno de estrés postraumático

El niño que está siendo blanco habitual de acoso puede llegar a desarrollar dicho estado, que es una complicación seria. Este trastorno es una secuela de las injurias graves, y especialmente las violencias de tipo físico o sexual. Hay que consultar al especialista cuando el niño presente cualquiera de estos signos después de un acontecimiento traumático:

- Pesadillas
- Evita las situaciones o los lugares que le recuerdan el acontecimiento traumático
- Evocación involuntaria frecuente del acontecimiento traumático, muy vívida, como si lo estuviera «rebobinando»
- Actitud hipervigilante. El niño está tenso y se sobresalta con facilidad
- Estallidos de cólera y agitación, sobre todo cuando no eran habituales en él antes

Una consideración detenida nos ayudará a decidir si es necesario recurrir a la ayuda profesional. El que ha sido blanco de acoso puede mejorar enormemente visitando a un trabajador social, un psicólogo o un psicoterapeuta. La mejor manera de elegir a un especialista en psicología infantil es la recomendación oral. Hay que preguntar, a ver quién conoce a un profesional bien cualificado. Muchos de estos especialistas practican también la terapia familiar, de manera que es posible que solicite ver a todo el grupo familiar. Para ayudar al niño que ha sido blanco de acoso, el profesional dispone de toda una gama de procedimientos terapéuticos individuales, familiares o de grupo.

Cuándo hay que hablar con la policía

El recurso a la autoridad pública en una situación de acoso gira alrededor de una pregunta crucial: ¿se ha cometido algún acto delictivo? La respuesta puede variar según las legislaciones de los distintos países, y es una cuestión que escapa al marco de este libro. En muchas jurisprudencias, sin embargo, las definiciones de los actos perpetrados por los menores son las mismas que para los adultos, en lo que se refiere a agresiones, amenazas, intimidación con armas, proposiciones indecentes y abusos deshonestos. Si creemos que nuestro hijo ha sido objeto de uno de estos delitos, iremos a la denuncia policial.

Los capítulos 9, 10 y 11 van dirigidos concretamente a los padres de niños acosadores, pero también los progenitores de niños acosados hallarán provecho en su lectura, ya que proporcionan una noción de los sistemas de creencias típicos por los cuales se rige la actuación de los abusones, así como de las dificultades a que se enfrentan los padres de esos niños cuando se trata de corregir la conducta de éstos.

Tercera parte

Qué hacer cuando nuestro hijo es un acosador

Capítulo 9

¿Nuestro hijo es instigador de acoso escolar?

Son muchos los padres que no tienen ninguna duda al respecto, por las informaciones que van recibiendo desde la escuela, o por otras autoridades, o por los padres de otros niños, en cuanto al comportamiento de su hijo. Pero en algunos casos, la pauta agresiva no es tan visible o no ha sido denunciada. A los progenitores les conviene saber reconocer, pues, los signos de que un niño es instigador de acoso y por tanto tiene un problema que reclama ayuda. Éstos son algunos de dichos signos:

- Le gusta hablar despectivamente de otras personas
- No le importa lastimar sentimientos ajenos
- Incidentes de desacato a la autoridad en diversos órdenes
- Fascinación por ideologías neonazis o de supremacía racial
- Manifiesta falta de respeto al sexo opuesto
- Hace bromas o cuenta chistes sobre violaciones y otras agresiones contra las mujeres
- Le gusta pelear
- Cree que todo el mundo está obligado a «seguirle la corriente»
- No tolera una equivocación
- No tiene reparo en mentir para salvarse de un apuro
- Maltrata intencionadamente a las mascotas u otros animales
- No confía en las demás personas
- No confiesa nunca si ha tenido o tiene miedo
- Se encoleriza con facilidad o finge accesos de cólera para salirse con la suya

- Mantiene una postura de superioridad con respecto a los demás niños

Si uno o varios de estos signos intervienen en el caso de nuestro hijo, es posible que precise nuestra ayuda para corregir esa pauta de conducta contraproducente. No nos expongamos a dejarla arraigada para toda la vida. A más coincidencias con la lista anterior, más serio es el posible problema.

¿Cuáles son las posibles causas de la conducta abusiva?

Puesto que el comportamiento abusivo puede originar graves consecuencias tanto para los abusones como para los que han sido blanco de sus acosos, importa comprender por qué algunos niños adoptan esa pauta de conducta y otros no. Ciertas características de los menores y de sus familias propician el comportamiento abusador.

Copiaremos ahora este cuestionario del libro y dibujaremos un círculo alrededor de la «V» para cada proposición que consideremos verdadera, o alrededor de la «F» si nos parece falsa.

Los niños son más propensos a abusar de otros niños cuando:

V F Creen que hacerse temer es lo mismo que hacerse respetar.

V F Creen que es de cobardes negarse a pelear cuando uno ha sido desafiado.

V F Creen valer más que los demás.

V F Uno de los progenitores tiene dificultades con el alcohol o con las drogas.

V F Un progenitor o ambos están separados o divorciados y la relación con la pareja anterior sigue siendo conflictiva.

V F Hay antecedentes de violencia doméstica en la familia.

V F Los progenitores desconfían del matrimonio o de las relaciones en general.

V F No existe la confianza mutua entre los progenitores.

V F Un progenitor o ambos se halla implicado en actividades delictivas.

V F Progenitores divorciados que mantienen la hostilidad y manipulan al niño cada uno por su lado.

V F Desavenencias frecuentes entre los progenitores.

V F Pasan muchas horas a solas y sin estar vigilados por ninguna persona adulta.

V F Creen que los adultos que los rodean no se preocupan por ellos.

V F Se los castiga físicamente cuando su comportamiento desagrada.

V F Uno de los progenitores los castiga con más severidad cuando está de mal humor.

V F Uno o ambos progenitores consideran que la lucha física es una manera aceptable de resolver los problemas.

V F Uno o ambos progenitores creen que los insultos o los desprecios son maneras aceptables de resolver los problemas.

V F Un progenitor o ambos mantienen opiniones que otras personas juzgarían intolerantes, racistas o sexistas.

V F Son insultados o rebajados por sus progenitores.

V F Un progenitor o ambos exhibieron comportamientos de acoso cuando eran niños.

V F Progenitores excesivamente estrictos.

V F Progenitores excesivamente permisivos.

Para cada tema, una respuesta «V» indica una situación susceptible de conducir a un comportamiento abusivo por parte de los niños. Un número considerable de respuestas «V» aplicables a nuestro hijo o nuestra familia debería inducir la consideración de que el niño necesita nuestra ayuda para modificar su comportamiento.Y otra consideración que es todavía más importante, la de las conductas arraigadas en nuestra familia que favorecen, tal vez sin que nos hayamos dado cuenta, los comportamientos abusivos del menor. Pero también hay que recordar que se trata sólo de orientaciones. Muchas familias pese a funcionar bien y ser felices se hallan en el caso de tener que ayudar al hijo para que supere una pauta de conductas abusivas.

Problemas habituales de las familias con niños abusones

Los instigadores del acoso escolar provienen de familias de todos los niveles socioeconómicos y de todos los orígenes étnicos y raciales. Por fortuna, la tendencia abusiva no está inscrita en los genes. Si lo estuviera, podríamos ir tirando la toalla. Pero puesto que nuestros hijos no están inherentemente programados para ser abusones, tenemos la responsabilidad de mirar qué hay en el trasfondo de su comportamiento tan pronto como éste reclame nuestra atención. Algunos aspectos sí son corrientes en las familias de los niños abusones, y es útil recordar que cuando los padres corrigen tales situaciones, la actitud y la conducta de los niños suelen cambiar.

Tensión en las relaciones entre los progenitores

Los progenitores de los abusones tienden a tener relaciones conflictivas con su cónyuge o pareja, seguidas a menudo de separaciones y divorcios. Es difícil cumplir con la misión de padres cuando los integrantes de la pareja no se prestan mutuo apoyo emocional, no colaboran y mantienen una contabilidad de agravios mutuos. En el siguiente resumen de los antecedentes familiares de Lisa se observa con claridad cómo las tensiones del matrimonio inducen en Lisa la necesidad de dominar y de ejercer acoso contra una compañera apocada.

La madre y el padre de Lisa están considerando el divorcio desde hace años. Discuten a menudo y los argumentos por lo general no son objetivos. Se gritan en presencia de Lisa, se insultan y se sacan a relucir mutuamente los errores del pasado. En algunas ocasiones, además, la madre de Lisa le hace a ésta confidencias sobre las dificultades de la vida marital, como si estuviera hablando con una persona mayor. Lisa está hasta la coronilla de todo esto, y le ha dado por desahogar su cólera contra otra compañera de doce años, que es una niña callada y estudiosa. Lisa disfruta con las sensaciones de dominio y poder que experimenta mientras insulta a la otra muchacha.

Los niños necesitan la sensación de que el hogar familiar es un refugio seguro, tanto en lo emocional como en lo físico. También necesitan saber que ellos no son responsables de sus padres. Es decir, que no hay que actuar como la madre de Lisa que se dirige a ésta, casi parece, solicitándole consejo. Ningún matrimonio es perfecto, pero en todo caso los problemas que existan han de ventilarse entre los cónyuges dentro del respeto mutuo. Obsesionados consigo mismos, los padres de Lisa carecen de energía remanente que dedicar a la hija. Y mientras esos padres sigan sin hacer caso de las necesidades emocionales de Lisa, ésta seguirá desahogando su rabia en la escuela.

No es necesario que las familias sean perfectas, ni siquiera que estén intactas, para prevenir comportamientos abusivos por parte de los hijos. Pero todavía hace falta que los padres estén atentos y que sean cuidadosos con los mensajes que transmiten a los hijos.

Los niños abusones necesitan más supervisión

Cuanto menos tiempo pasan los niños con los adultos, más probablemente se dedicarán al acoso. Los menores necesitan la guía, la orientación positiva y la supervisión que únicamente los adultos pueden proporcionar. En las familias donde ambos progenitores trabajan demasiadas horas, los niños no reciben toda la atención que merecen. En las familias donde los padres se hallan presentes pero no suelen tener interacción con los pequeños, éstos no reciben el afecto ni la disciplina que necesitan. El comportamiento agresivo de Ryan, en la casuística que sigue, no es infrecuente en los niños que pasan demasiado tiempo sin la guía de los adultos.

Los padres de Ryan se divorciaron cuando él tenía tres años. A su padre no lo ha vuelto a ver desde entonces. La madre de Ryan tiene dos empleos, porque no hay otra manera de seguir adelante. Ella se da cuenta de que no pasa en el hogar un número de horas suficiente para ejercer una supervisión efectiva. En el vecindario Ryan tiene varios amigos que son mayores que él y tienen antecedentes negativos. La madre teme la influencia de estas malas compañías. En otros tiempos Ryan se acostaba llorando todas las noches porque su padre le prometía visitarlo pero luego no se presentaba. Ahora Ryan tiene once años y dice que ya no le importa, pero el resentimiento profundo contra su padre se manifiesta en forma de acoso físico y verbal contra sus compañeros de escuela. La apariencia de «duro» que Ryan quiere presentar al mundo exterior desmiente la honda tristeza que es su auténtico estado de ánimo. La madre hace lo que puede, pero la falta de una vigilancia adecuada, unida a la cólera de Ryan por el abandono en que lo tiene su padre, es una combinación peligrosa.

Conviene que los niños pasen la mayor parte posible del tiempo bajo supervisión adulta. Los progenitores que, como la madre de Ryan, no pueden restar horas al trabajo para dedicarlas a sus hijos, deberían dejarlos al cuidado de un pariente responsable, o apuntarlos a actividades que estén estrechamente supervisadas.

Los abusadores suelen recibir una disciplina ineficaz

Los padres y los cuidadores de niños abusones tienden a utilizar más a menudo el castigo físico que los métodos disciplinarios no corporales. Comparados con la población normal, los abusones han recibido más azotes con la mano y con la correa, o incluso golpes, en represalias por su mal comportamiento.[1] Este tipo de disciplina corporal les enseña que la agresión física es la manera normal de resolver conflictos.

Por otra parte, se observan con frecuencia en los niños abusones los resultados de una disciplina incoherente. En ocasiones, a los padres les cuesta dominar sus propias emociones cuando se enfrentan a un problema disciplinario. En las familias de los abusones, el niño suele ser castigado con más severidad cuando el progenitor está de mal humor. Lo que tal día pasa por ser una transgresión banal, otro día será casi un crimen, sólo porque papá o mamá han tenido una jornada de trabajo agotadora. En el ejemplo siguiente, la disciplina física que el padre de Trevor cree indicada para corregir el comportamiento de su hijo sólo sirve para incitar al uso de la violencia física por parte de Trevor.

Trevor es un chico de nueve años cuyo padre cree que los castigos físicos son la mejor manera de imponer la disciplina. Considera necesario quebrar la resistencia de Trevor a su autoridad y que así el niño se ahorrará muchos problemas en la vida. El castigo típico es de azotes en las nalgas con la palma de la mano, pero en ocasiones le ordena a Trevor que corte una rama que servirá para azotarlo. En la escuela viene metiéndose en peleas desde que tenía seis años de edad, y todas las veces que se recibe en casa el correspondiente aviso de la autoridad escolar, Trevor recibe su ración de azotes. Pero no parece que mejore mucho con esta disciplina; al contrario, sus peleas son cada vez más violentas.

Pese a las intenciones del padre, lo único que le enseña a Trevor la disciplina corporal es que el más fuerte se impone siempre en los conflictos. Cuando está en la escuela, el chico aplica las lecciones aprendidas en casa. Aunque el padre está convencido de que no hay más medio que la violencia para disciplinar a su hijo, ambos saldrían ganando si aprendieran maneras más comprensivas y eficaces. Trevor seguramente seguirá comportándose como un abusón mientras su padre no encuentre medios no corporales y más dialogantes para enfrentar la conducta de su hijo.

LOS ABUSONES HAN VISTO Y OÍDO MÁS VIOLENCIA

Cuanta más violencia ve y oye un niño, más se desensibiliza. En algunas familias no se considera demasiado grave la conducta de los abusones, puesto que las peleas y los insultos se juzgan procedimientos aceptables para gestionar los conflictos. Para los niños es muy pernicioso presenciar los intercambios de insultos entre sus padres, quienes muchas veces ni siquiera se dan cuenta de la violencia de la interacción.

He aquí algunos ejemplos de tolerancia inadecuada en relación con la violencia doméstica:

- Poner a los niños u otros miembros de la familia motes ofensivos como «atontado» o «gordinflón».
- Empujarse, agarrarse, dar bofetones o cualquier otro tipo de contacto físico agresivo en los momentos de cólera.
- Usar calificativos insultantes o intolerantes contra cualesquiera otras personas, como «sudaca» y «negro de mierda».
- Criticar la capacidad del niño con comentarios del tipo «no sirves para nada», «te crees demasiado listo» o «eres un infeliz».

En las familias que recurren habitualmente al lenguaje abusivo, los padres deben realizar un esfuerzo especial para cuidar su vocabulario y recordar que todo cuanto dicen afecta a sus hijos en alguna manera. Deben también aprender a controlar su agresividad, procurando no propasarse físicamente cuando están irritados.

No nos desanimemos aunque veamos que algunos de estos ejemplos describen con demasiada exactitud lo que sucede en casa. Es verdad que muchos padres se reconocen a sí mismos en esas descripciones. Deben recordar que ellos están en la posición más privilegiada para ayudar a sus hijos a fin de que superen sus problemas en tanto que instigadores de abusos. Si aprenden a reconocer las pautas malsanas de la comunicación y la disciplina familiar, también sabrán descubrir las conductas y las actitudes que conducen al acoso. Los padres atentos y observadores contribuyen a que los hijos se conviertan en adultos sensibles y sensatos, como se supone que debe ser la obligación de aquéllos.

Capítulo 10

Cómo superar los problemas del niño acosador

Como progenitores, desearemos que nuestros hijos sepan actuar con responsabilidad, que sean honrados en sus relaciones con los demás, que resuelvan pacíficamente las diferencias y que comprendan, así como respeten, los sentimientos ajenos. En casa es donde se aprenden los valores y las actitudes que fundamentan estas competencias sociales, o mejor dicho no se aprenden sino que «se imitan»: los niños hacen lo que observan en la práctica, en el comportamiento de sus padres. Los niños buscan en sus padres los modelos de rol, es decir, las actitudes y los comportamientos adecuados. Y los padres deben hacer demostración de dichas competencias en la vida diaria. Las lecciones informales que el niño va captando valen por muchas horas de sermones. Nosotros somos los principales maestros que tendrán nunca nuestros hijos, y de lo que hacemos puede decirse aquello de «obras son amores, que no buenas razones».

Cuando un niño se muestra agresivo con los demás, les incumbe a los padres el deber de asumir un rol vital que contribuya a cambiar algo más que el comportamiento inmediato del menor: está en juego todo su porvenir en la vida. Es posible que eso nos cause cierta contrariedad. Con todo el esfuerzo que hemos realizado por mejorar las cosas, resulta que todo ha sido en vano y que nada está cambiando. Puede ser útil comparar esta situación con lo que ocurre cuando nuestro coche se queda atrapado en un barrizal. Las ruedas giran pero no dan tracción, y después de pisar varias veces el acelerador a fondo, seguramente las hallaremos más hundidas que antes. ¿Qué hacer entonces? Uno se apea del coche, considera la situación, busca algún objeto que colocar debajo de las ruedas para que agarren, y así sale finalmente del atasco y puede continuar su recorrido. Algo parecido sucede con la educación de los hijos. Es posible que algunos de los modelos de conducta que proponemos no sean los más adecuados. Pero una vez hayamos determinado cuáles son los mensajes negativos que transmitimos con nuestro comportamiento, estaremos en condiciones de adquirir las competencias necesarias y empezar a cambiar la propia conducta.

En este capítulo trataremos de explicar cuáles son los comportamientos en que andamos atascados y que nos impiden ayudar a nuestros hijos para que éstos lleguen a desarrollar todas sus posibilidades. También proponemos ideas que nos ayuden a convertirnos en modelos más idóneos, y consejos encaminados a poner fin al comportamiento abusón de nuestros hijos. Al poner en práctica estas nuevas competencias descubriremos que la vida familiar es más feliz y que el empeño puesto en la formación de los hijos encuentra más satisfacciones y alegrías.

Cómo enseñarles a ponerse en el lugar de los demás

Empatía significa saber colocarse en el lugar de otro, y comprender y apreciar sus sentimientos. Es una actitud del corazón, que nace del sincero interés hacia los demás, y de la creencia de que ellos son tan importantes como nosotros. Cuando procuramos ver el mundo a través de los ojos de otra persona, nuestra visión se despeja y nos humanizamos. Comprendemos la importancia de celebrar las alegrías ajenas y compartir los padecimientos de otros, y que es bueno cuidar de otras personas. Los niños dotados de esta cualidad son mejores amigos, se meten en menos dificultades y son más respetados por sus compañeros de edad y por los adultos.

Para muchos niños la empatía es una reacción natural. En la maternidad, cuando un bebé empieza a llorar los demás lloran también. Podemos observarla asimismo en el jardín de infancia cuando dos pequeños juegan. Si uno de ellos empieza a llorar, el otro se acerca a preguntarle qué le pasa. A medida que los niños maduran van haciéndose cada vez más capaces de ponerse en el lugar de otros, según nos aseguran los especialistas en psicología del crecimiento. Hacia el final de la infancia, la empatía se ha desarrollado más allá del círculo inmediato de la familia y los amigos. Empiezan a pensar en los desfavorecidos y se preocupan por la suerte de los pobres, los sin hogar y los enfermos crónicos.

Son los padres, sin embargo, quienes desempeñan una función clave en la conservación de estos sentimientos naturales del niño, al dar ejemplo de tolerancia y aceptación de los que son diferentes. Con frecuencia, lo que le pasa al niño abusón es que no ha visto esos ejemplos en su familia. Otras veces el menor carece de empatía porque se siente incomprendido, o como si quisiera manifestar por medio de su conducta: «nadie hace caso de lo que me pasa a mí, así que ¿por qué iba yo a hacer caso de nadie?». Sucede así que estos niños no sólo no han aprendido *cómo* ser empáticos, sino que además nadie les ha enseñado *el valor* de serlo. Un niño fácilmente aprende a ignorar los sentimientos de otra persona si no se le ha enseñado nunca que la empatía sea una cualidad bien valorada. Por tanto, los padres que tienden a no expresar esta cualidad deben modificar su comportamiento, a fin de que sus hijos puedan comprender ese valor tan importante. Observemos dos casos comparados para ver cómo los progenitores pueden ejemplificar tanto la empatía como la intolerancia en un simple comentario banal:

Supuesto 1

La madre, el padre y el hijo están esperando que empiece la proyección de una película. Mientras están pasando los cortos publicitarios, entra una señora obesa y trata de sentarse. Pero al descubrir que todas las butacas son demasiado estrechas para ella, pone cara de vergüenza, sale al pasillo y abandona el cine. Uno de los progenitores se vuelve hacia el otro y murmura, pero no tan bajo que el niño no pueda oírlo:

—¡Le está bien empleado! Tendrá que adelgazar si quiere ver una película con el resto de la gente, ¡menuda ballena!

Supuesto 2

Otra pareja espera con su niño a que empiece la película. Mientras contemplan a la obesa que intenta sentarse y luego sale contrariada porque no encuentra acomodo en ningún asiento, uno de los mayores comenta:

—¡Qué lástima, haberse molestado para luego quedarse sin ver la película. Deberían tener unas cuantas butacas de ancho especial para las personas muy corpulentas.

Los niños incorporan fácilmente las actitudes de los padres a su propia manera de pensar y comportarse. En la primera escena los padres se dan humos de superioridad frente a la mujer obesa. Si un niño se identifica con esta noción de superioridad con respecto a otros, es más probable que caiga en conductas de acoso. Con sus comentarios insultantes sobre el aspecto físico de otra persona, estos padres le han enseñado al niño cómo ser abusón. En la segunda escena, los padres demuestran una preocupación sincera. El niño ha recibido una lección importante: lo que es la empatía.

La empatía hay que cultivarla regularmente, y lo mismo que se enseña el desprecio hacia los demás, también el respeto profundo y el afecto se enseñan. Demostrar empatía hacia el niño es el modo más seguro de que aprenda a sentirla para con los demás, al facilitarle una experiencia de primera mano. He aquí unas sugerencias prácticas que ayudarán a desarrollar un sano sentido de la empatía en el pequeño.

PREGUNTARLES CÓMO SE HAN SENTIDO

Los sentimientos son de extrema importancia, y el primer paso en la empresa de ayudar a los niños para que aprendan la empatía estriba en hacerles saber que nos importa lo que ellos sienten. Para demostrarlo, acostumbrémonos a preguntar «¿cómo te has sentido ante tal y tal cosa?».

A veces se confunde el sentir con el pensar. De los pensamientos se puede discutir, de los sentimientos no. Un sentimiento no es ni una interpretación ni una explicación. Por ejemplo, se puede estar de acuerdo con el niño o no acerca de si el estudio del álgebra es de alguna utilidad, o si los Rams ganarán la Supercopa. Pero si el niño dice que es feliz, o que está enfadado, o triste, o asustado, eso no tiene ninguna discusión. Los sentimientos son la materia prima de la experiencia, la realidad de la persona reducida a su más auténtico denominador. Cuando un niño expresa con sinceridad lo que siente, está diciendo la verdad de lo que es en ese momento. Es indispensable respetar esa verdad.

DARLE AMOR INCONDICIONAL

En su libro *To Love and Be Loved: The Difficult Yoga of Relationships*, el psicólogo Stephen Levine observa que nunca nadie ha sido demasiado amado. No se estropea a ningún niño por exceso de cariño o de afecto. Ellos necesitan saber que se les ama incondicionalmente, con independencia de cómo se comporten. Pero sucede con demasiada frecuencia que la gente les pone condiciones como precio del afecto. Algunos padres transmiten el mensaje de que el afecto y el reconocimiento han de merecerse. Cuando el niño se porta mal, por ejemplo, se le niega la palabra. Otros utilizan las palabras afectuosas para manipular, y prodigan las expresiones de cariño sólo cuando quieren que los hijos hagan alguna cosa.

Todos tenemos la misma necesidad de ser tratados con sensibilidad, amabilidad y compasión. Todos tenemos corazones que prosperan sólo con el afecto, y que han sido lastimados en diferente medida y de distintas maneras. De ahí la gran oportunidad que consiste en tener presente que no importa quiénes seamos ni quién nos acompañe, nosotros mismos podemos ser instrumentos de curación. Con los hijos, esta noción cobra su máxima importancia.

Fijarse en las semejanzas entre nuestro hijo y los demás

En vez de hacer hincapié en las diferencias, ayudémoslo a comprender en qué puntos se parece a otros. Todos tenemos muchas más cosas en común que cosas que nos separan, pero parece como si prefiriésemos fijarnos en la diferencia. Los padres deben darse cuenta de sus propias ideas preconcebidas, y abrir la mente, para ponerse en situación de ayudar a los hijos de modo que superen también sus prejuicios. Abramos los ojos a nuestros prejuicios y hagamos el esfuerzo necesario para cambiarlos.

No contar ni escuchar chistes crueles o denigrantes

Si contamos chistes, que no sean de intención ofensiva. Muchos chistes son pronunciamientos apenas disimulados de intolerancia contra otras razas, orígenes sociales o religiones, o contra el sexo opuesto, o contra las gentes de orientación sexual diferente. Demostremos coraje moral oponiéndonos en términos educados a que nadie cuente chistes intolerantes. Expliquemos nuestra actitud, diciendo por ejemplo: «Realmente no veo que tenga mucha gracia, porque es intolerante (o indelicado, o de pésima intención)». Esto puede parecer muy expuesto y difícil de hacer, sobre todo cuando los demás ríen la gracia, pero si nos atrevemos —sobre todo, en presencia de los niños— estaremos transmitiendo un mensaje muy importante. Si es nuestro hijo el que cuenta un chiste de mala intención, le dejaremos bien claro que no se toleran tales chistes, y por qué.

A veces, cuando una broma o un comentario sobre el niño le resulta a éste visiblemente molesto o hiriente, el progenitor intenta quitar importancia a la reacción del niño y pasa a la defensiva diciendo que «no es más que una broma». Es necesario que el niño se sienta con derecho a decir que una cosa no le gusta. De modo que cuando le diga a su progenitor «no me gusta eso, por favor no lo hagas más», hay que encajar la petición sin exigir más explicaciones, puesto que él ha explicado ya por qué no quiere que sigamos por ese camino: que no le gusta. Esto se aplica también a los adultos sobones, a los juegos no solicitados de hacer cosquillas y otros por el estilo, etc. A veces el menor no se atreve a decir que algo no le gusta, por lo cual estaremos atentos al lenguaje corporal y otros indicios para saber si lo que se hace o dice en plan de broma se recibe realmente en ese sentido.

Ser conscientemente amables

Con muestras sencillas pero intencionadas de amabilidad se consigue crear una profunda impresión en la vida de las personas. El que elige ser conscientemente amable controla mejor su propio estrés, vive más feliz y tiene relaciones familiares más armoniosas. Sin embargo, la mayoría de nosotros preferimos pasar por la vida «en piloto automático», podríamos decir, abandonados a la rutina cotidiana y reaccionando en función del trato que recibimos de los demás, en vez de actuar conscientemente y elegir la amabilidad con independencia de cómo nos traten los demás.

Que el niño sea testigo de nuestra actitud solícita incluso frente a terceros, como el empleado de la gasolinera, los otros conductores y los vecinos del barrio aunque apenas los conozcamos. Es fácil ser amable con quienes se muestran amables, pero la verdadera amabilidad es una actitud invariable que no se depone ni siquiera ante los descorteses o los indiferentes.

Los ratos dedicados a la irreflexión, a la amargura o a la falta de amabilidad son tiempo perdido. Hagámonos todos los días el propósito de ser más amables que ayer, y más especialmente y con más atención en el trato con nuestros hijos.

Tratar bien a los animales

Un indicio seguro de atención para con el más débil o el menos capaz de defenderse a sí mismo es el trato dispensado a los animales. Con frecuencia los progenitores caen en el síndrome de la «patada al perro», que se le contagia fácilmente al niño. Uno ha tenido una jornada difícil y ha tragado bilis durante ocho horas, de modo que cuando llega a casa pierde la paciencia con la mascota de la familia. Pero es preferible buscar otros procedimientos más sanos para deshacerse del estrés, y demostrarles a los hijos que los animales deben ser tratados siempre con cariño y buenas palabras.

Recordar la Regla de Oro

«Obrar con los demás como te gustaría que ellos hicieran contigo», ésa es la plasmación clásica de la empatía, conocida como «Regla de Oro». Hay muchas maneras de demostrarla, pero sigue siendo el mejor mandamiento que se conoce para las relaciones humanas. Es la amabilidad llevada a la práctica. Observémosla al menos en familia.

Enseñarles a ser pacificadores

Por «pacificador» entendemos el que busca maneras no violentas de resolver los conflictos. Es un valor que no se adquiere fácilmente, pero vale la pena intentarlo. El mundo necesita pacificadores más que nunca, y es en el seno de la familia donde se aprende a serlo. Pero si queremos que haya armonía en la familia, hay que empezar por establecer la paz en el fuero interno de cada uno. Las familias donde los adultos proponen maneras no violentas de gestionar los conflictos son poco propicias a la aparición de conductas de acoso.

Vivimos en una sociedad conflictiva y de predominio del «¿qué hay de lo mío?». Es lógico que muchas familias caigan en pautas de conducta no precisamente pacificadoras. A veces la discusión estalla por cualquier cuestión banal, cuando nadie quiere transigir. Observemos las dos situaciones siguientes, que son oportunidades para la pacificación.

Supuesto 1

La familia está sentada a la mesa comentando los acontecimientos de la jornada, cuando suena el teléfono. La madre va a contestar y resulta que la llamada corresponde a un intento de televenta. La mujer monta en cólera por la interrupción de su cena. Grita palabras insultantes al teléfono, lo cuelga de golpe y sigue diciendo improperios contra los televendedores al tiempo que regresa a sentarse.

Supuesto 2

La familia vecina también está cenando cuando suena el teléfono. Es la misma empresa de televenta. La madre descuelga, contrariada por la interrupción. Espera a que la televendedora suelte su rutina y aprovecha la primera pausa para decir:

—No, gracias. No me interesa. Les ruego que me borren de sus bases de datos y tenga usted muy buenas noches.

En la primera escena hemos visto una madre que desahogaba su enfado de una manera inadecuada e irrespetuosa. Los hijos aprenden con este ejemplo que ésa es la manera habitual de enfrentarse al estrés. En la primera oportunidad que se consideren molestados, ellos harán lo mismo. En el segundo ejemplo, la madre resuelve con tacto la situación contrariante, pero sin faltar a la dignidad ni al respeto para con la comunicadora desconocida.

He aquí algunas sugerencias prácticas que pueden servir para desarrollar actitudes pacificadoras.

Aplicar una disciplina respetuosa, sin castigos físicos

Es una de las maneras más seguras de reeducar al niño abusón y enseñarle a ser un pacificador. Hay que desterrar sistemáticamente la práctica del castigo corporal. Algunos pacientes opinan que la sociedad es «demasiado blanda» con los menores que exhiben mal comportamiento, y que los padres deben controlar las conductas por medio de la disciplina física. Sin embargo, la disciplina física sólo sirve para enseñarles a los niños la conveniencia de recurrir a la fuerza física cuando quieran que se haga su voluntad. El uso habitual del castigo físico, por otra parte, aumenta la probabilidad de las reacciones coléricas por parte de los padres, y de que los golpes se conviertan en palizas. La mejor solución consiste en descartar las medidas de disciplina física que estemos utilizando, y en aprender técnicas no físicas que sean eficaces.

Un procedimiento eficaz para corregir las malas conductas de los menores es reemplazar los castigos por las consecuencias lógicas. Al asociar lógicamente una consecuencia a cada comportamiento, el niño recibirá una lección y asimilará por qué su conducta ha sido inadecuada. He aquí dos ejemplos de esa noción:

Conducta indeseable

Ha dejado la bicicleta en medio del sendero de acceso al garaje.
No quiere tomarse la cena.

Consecuencia lógica

Se le retira la bicicleta un día entero.
Se queda sin postre y sin la golosina de antes de acostarse.

Es sorprendente que nuestra sociedad dedique tan escasa atención a enseñarles a los progenitores las técnicas eficaces para educar a sus hijos. Dedicamos largos años de estudios a aprender una profesión. En cambio, el conocimiento de la profesión más importante del mundo —la de ser padres— se nos supone. Sin embargo, no es tan fácil aprender a disciplinar sin ejercer la violencia, y la mejor manera de aprenderlo sería la asistencia a cursillos especiales. Existen programas eficaces a cargo de muchas parroquias, organizaciones docentes y agencias de servicios sociales.

Emplear palabras que sanan

Las palabras tienen esa fuerza, pueden dañar y pueden sanar. Por eso hay que tener cuidado, elegirlas con sentido y nunca ponerles motes a los niños, ni aunque sean unos nombres cariñosos, si ellos dan a entender que les desagradan. Ni hay que hablar cuando uno está irritado y nervioso, arriesgándose a decir algo que no diría si se hallase tranquilo. Pero si ocurre y se nos escapa alguna manifestación hiriente, pediremos disculpas tan pronto como caigamos en la cuenta de nuestro error.

Los niños de todas las edades necesitan escuchar palabras de respeto. En abundancia, así que acostumbrémonos a incluir en nuestro lenguaje muchos «gracias», «te lo agradezco», «eres muy amable», «lo siento» y «te perdono».

Enseñarles a ser responsables

Ser responsable quiere decir que uno responde de sus decisiones y de los resultados de dichas decisiones. Una persona responsable no busca excusas ni trata de «escaquearse» de sus obligaciones. Los niños necesitan aprender a asumir la responsabilidad de sus actos. A muchos abusones suele resultarles difícil esta fase del desarrollo vital. Tienden a echar la culpa a los demás, a rehuir sus responsabilidades, a mentir si creen que eso les servirá para salirse con la suya. Actúan como si las normas valiesen sólo para los demás, pero no para ellos. Esos menores necesitan que sus padres les enseñen el valor de la responsabilidad. He aquí dos supuestos en que un adulto tiene la oportunidad de demostrar qué es un ejercicio responsable.

Supuesto 1

Un amigo del padre celebra su cumpleaños y se acuerda de la invitación en el último minuto. El padre tiene comprometido un trabajo ese día y no cuenta con nadie que lo sustituya. El niño oye cómo llama por teléfono a la oficina diciendo que se ha puesto enfermo con fiebre y que no podrá ir a trabajar.

Supuesto 2

Un amigo del padre celebra su cumpleaños y se acuerda de la invitación en el último minuto. El padre tiene turno de trabajo ese día y no cuenta con nadie que lo sustituya. El niño oye cómo llama por teléfono a su amigo para felicitarlo por su cumpleaños, y diciendo que lo siente mucho pero que no podrá asistir a la celebración porque se le espera en la oficina.

En la primera escena, el padre descuida su responsabilidad laboral para poder asistir a una fiesta. Además miente sobre las causas de su inasistencia al trabajo, con lo que le transmite un mensaje claro a su hijo sobre que es lícito mentir cuando a uno le conviene. En la segunda escena, en cambio, el padre asume su responsabilidad adecuadamente y además envía una enseñanza valiosa a su hijo: las responsabilidades prevalecen sobre la diversión.

Ayudar al niño abusador para que aprenda a asumir la responsabilidad de sus decisiones buenas y malas es una función importante de los padres. Poner en práctica las actitudes y las conductas siguientes le facilitarán el aprendizaje de esa responsabilidad.

Una actitud positiva en cuanto a la función parental

Los niños necesitan saber que sus padres aceptan plenamente y de buena gana su responsabilidad como progenitores. Porque en efecto, criar un hijo es una responsabilidad impresionante, aunque gozosa. Es una misión que no debe agobiar, sino infundir alegría. A veces los padres de los niños abusones les dan a entender de maneras sutiles o no tan sutiles que consideran la paternidad como una carga o un agobio. Si hemos llegado a contemplar ese cometido como una obligación molesta, sería necesario cambiar tal actitud y aprender a apreciar la importancia de nuestras funciones. Las necesidades de los niños nunca deben considerarse como una carga. Ellos cuentan con nosotros.

Hagamos que nuestro hijo sepa que estamos contentos de ser sus padres. La mejor manera de conseguir que aprenda a ser responsable es enseñarle que nosotros nos tomamos en serio nuestra responsabilidad en tanto que progenitores, y que nunca haremos abandono de la misma.

Ser modelo de sinceridad en todo momento

Ser responsable significa ser una persona sincera. La sinceridad es indispensable para que el niño consiga establecer relaciones duraderas. Los niños abusadores con frecuencia desconocen que la veracidad sea una virtud apreciada. No entienden que la insinceridad fomenta la desconfianza y erosiona las relaciones más que ninguna otra cosa. De este modo estropean las relaciones con sus compañeros de edad, su padres, sus profesores y sus vecinos.

Los progenitores se encuentran en una posición clave para inculcar la importancia de la sinceridad con el propio ejemplo. Si se muestran dignos de confianza en todos los sentidos, los hijos probablemente seguirán ese modelo. Ser sinceros también incluye asumir la responsabilidad de los propios actos. No esperemos de nuestros hijos un nivel de exigencia que no nos imponemos nosotros mismos. Para poder exigir la coherencia, hay que demostrarla en nuestro trato con los hijos lo mismo que con cualesquiera otras personas. Esa cualidad excluye la marrullería del que quiere salirse con la suya a cualquier precio. Cuando el niño oye «no quiero volver a verte haciendo esto», interpretará que puede hacer cualquier cosa siempre que sepa arreglárselas para no ser atrapado. Deben saber que no se concede ningún margen para la deshonestidad en ninguna situación, ni aunque la excusa esté completamente a mano.

Realizar una buena supervisión

Para que aprendan a ser responsables, necesitan saber que estaremos al lado de ellos hasta que hayan aprendido a desenvolverse solos. Los niños abusones necesitan que sus padres les dediquen una atención auténtica, porque han tenido con frecuencia la sensación de que a sus progenitores les traía sin cuidado lo que ellos pensaban o sentían. Esos niños necesitan saber que se les comprende y que sus éxitos, sus decepciones y sus sueños tienen importancia para los padres.

Hablemos con ellos. Aprendamos a conocerlos en tanto que personas humanas. Juguemos con ellos y sepamos escuchar sin sermonear. Todos los días hay que dedicarles un rato, aunque sólo sea de unos minutos. Que comprendan que son importantes para nosotros y que estaremos ahí siempre que tengan un problema.

Una regla general es que los niños de menos de diez años nunca deben quedarse solos en casa. Si es necesario salir, aunque sólo sea un momento, hay que dejarlos a cargo de una persona de confianza. De los diez en adelante quizá se pueda confiar, digamos, durante una hora, en función de la madurez que apreciemos en ellos. En cualquier caso, si vamos a dejarlos solos hay que procurar un sistema de emergencia por si necesitasen auxilio. Asegurémonos de que nuestros hijos se saben los teléfonos de urgencias y de que saben cómo ponerse en contacto con nosotros inmediatamente. Si dejamos a un menor al cargo de otros niños más pequeños, hay que asegurarse de que tiene la madurez suficiente y las competencias necesarias. A fin de prepararlo para esa responsabilidad, no sería mala idea que asistiese a algún cursillo para «canguros», que suelen consistir en una jornada de clases en las que se enseñan a los niños de once a quince años varias técnicas importantes de primeros auxilios, salvamento y toma de decisiones.

Siempre es preciso saber dónde están nuestros hijos en todo momento y quiénes son sus amigos, pero esa necesidad cobra todavía más importancia para los padres de los niños abusones, ya que es posible que éstos formen pandilla con otros menores agresivos. No permitiremos que nuestros hijos inviten a casa, cuando nosotros estemos ausentes, a amigos cuya frecuentación no aprobamos. Si las obligaciones laborales nos impiden quedarnos en casa cuando ellos están de vacaciones, o fuera de los horarios lectivos, procuremos persuadirlos para que se apunten a actividades extracurriculares supervisadas: club deportivo, grupo de aficionados al teatro, o cualquier otra siempre que se desarrolle a cargo de monitores profesionales.

Colaborar con la escuela y con los padres de otros niños, y apoyar sus programas

A veces los progenitores entran en «piques» con los padres de otros niños, con sus padres adoptivos o con las autoridades escolares. Es importante que el niño vea que procuramos colaborar con las demás personas adultas responsables de su formación. Respetemos las opiniones de estos otros adultos que tienen una función importante en la vida de nuestro hijo, aunque no estemos de acuerdo con ellas. Y si resulta que no somos capaces de hablar con esos padres o esas personas sin pelearnos, tal vez deberíamos considerar una terapia individual o familiar, o el arbitraje de un mediador profesional, siempre con objeto de mejorar la comunicación. Que se sepa en la escuela que estamos tratando de modificar el comportamiento de nuestro hijo. En vez de adoptar una postura hostil, ofrezcamos nuestra colaboración a fin de conseguir que nuestro hijo resuelva sus problemas en la escuela. De este modo podremos contar con la ayuda de los demás, y la búsqueda de soluciones se convierte en un esfuerzo de equipo.

Admitir los propios errores

El aprendizaje de la responsabilidad incluye el reconocimiento de nuestras equivocaciones. Lo cual no es fácil y requiere valor. Pero recordemos que este ejemplo servirá para que los chicos también aprendan a reconocer sus errores. Así que cuando nos hayamos equivocado, admitámoslo e iniciemos medidas para enmendar el problema.

Decidir de mutuo acuerdo el reparto de las tareas domésticas

Para el aprendizaje de la responsabilidad conviene tener ocasiones de ejercerla. Los menores deben colaborar en las tareas de la casa, asumiendo cometidos que estén a la medida de su edad y destreza. Que no esperen ningún premio, excepto el convencimiento de que realizan una contribución importante al funcionamiento cotidiano de la familia. Es útil que los niños dispongan de algo de dinero para que aprendan a administrarlo, pero jamás hay que «pagarles» por haber realizado una tarea doméstica. Porque en este caso los niños aprenden a colaborar sólo cuando se ofrece una recompensa monetaria, y aunque muchos lo crean no es así como funciona el mundo de los adultos. No tardarán en apreciar la satisfacción de realizar una tarea y ayudar en la familia, con lo que dejará de importarles la ausencia de premio material por su trabajo.

Siempre hay que explicar con claridad cuándo, cómo y por qué se hace cada tarea, así como realizar la demostración de cómo se hace. Los niños en edad escolar pueden asumir dos o tres tareas fáciles al día y otra más importante una vez por semana. Véanse a continuación algunas sugerencias en cuanto a las tareas domésticas.

- Entre los seis y los nueve años: asear y ordenar la propia habitación, hacerse la cama, vaciar las papeleras, pasar la escoba, ayudar en la preparación de las comidas, poner la mesa, ayudar a lavar los platos, escardar el jardín, regar las plantas, ponerse al teléfono y tomar nota de los mensajes.
- Desde los diez años: las anteriores, y además lavar el coche, quitar el polvo a los muebles, ayudar con la colada, cortar el césped (bajo supervisión, posiblemente), limpiar el cuarto de baño, poner el agua y el pienso para las mascotas.

Es útil hacer que los niños intervengan en la elección de las tareas que van a desempeñar, para que asuman la decisión como cosa propia. De esta manera será más probable que hagan los trabajos sin necesidad de recordárselos. Se puede celebrar, por ejemplo, una reunión familiar en la que se pasará revista a la relación de las posibles opciones. Cuando la familia tiene más de un hijo se dispone de la posibilidad de establecer una rotación de tareas, según lo que se haya decidido en la reunión. Las reuniones familiares habituales son un recurso poderoso para mejorar la armonía y la comunicación en la familia. Para más información véase *The Parent's Handbook: Systematic Training for Effective Parenting*, de Don Dinkmayer y Gerry McKay.

Cuándo hay que recurrir al consejo profesional

Si el menor sigue presentando serios trastornos de comportamiento pese a todos los esfuerzos, se impone la consulta a un educador especializado en niños conflictivos, un psicólogo o psiquiatra:

- Es aficionado a intimidar, amenaza o maltrata a otros
- Ha utilizado objetos, o armas, para reforzar esas amenazas o malos tratos
- Es iniciador asiduo de peleas con los compañeros de edad
- Ha amenazado o agredido sexualmente a otros niños
- Ha causado destrucción en propiedades ajenas
- Miente habitualmente
- Acostumbra echar a otros la culpa de su mala conducta
- No hace caso de lo que le dicen los adultos
- Se ausenta de casa sin permiso o falta a clase con frecuencia
- Maltrata a los animales

Saber tratar a otros con respeto es indispensable para los niños, a fin y efecto de que desarrollen los valores de la empatía y la conducta pacífica y responsable. Controlar la propia agresividad es un reto difícil para todos nosotros, y más difícil todavía para los niños abusones. A este aspecto dedicamos el capítulo siguiente.

Capítulo 11

Cómo ayudarle a dominar la cólera

El niño abusón no sabe manifestar su cólera de maneras apropiadas ni oportunas, y ésa es una de sus principales dificultades. Con frecuencia reacciona con desmedida violencia de palabra o de obra a la más pequeña provocación, o lo que él entiende como tal, como recibir un empujón en el pasillo entre las clases. Esos niños necesitan que se los ayude a controlar su agresividad para contenerla dentro de límites socialmente aceptables. La mejor manera de que lo aprendan es proponerles un modelo de conducta en el hogar. Que vean cómo se ejerce un control eficaz de la agresividad. Que aprendan a comunicar sus necesidades haciéndose escuchar. Para ayudarlos a conseguirlo es necesario que nosotros, sus padres, sometamos a examen nuestras propias nociones y prácticas.

¿Qué creencias mantenemos acerca de la agresividad?

Uno debe tratar de recordar qué ocurrió la última vez que se puso furioso. ¿Cuál fue la causa? ¿Quién lo hizo? ¿Qué sensaciones produjo? ¿Nos hemos sentido intimidados, ignorados? ¿Se nos hizo parecer unos estúpidos? ¿Fuimos agredidos físicamente? En cualquier evento, la cólera es una reacción a algún tipo de ofensa emocional o física, que nos ha dolido. En la vida hay dolor, ésa es una realidad a la que nadie escapa. Pero cuando estamos dolidos nadie quiere ser vulnerable y exponerse a sufrir más todavía, y por eso enviamos un mensaje alrededor: «¡No me hagáis más daño!». En eso consiste la cólera.

En sí no es nada malo ni peligroso. O mejor dicho, la cólera puede ser un sentimiento beneficioso porque nos pone en guardia frente a lo que hace daño y moviliza nuestros recursos a fin de evitar que el daño continúe. Pero, dada la intensidad de las manifestaciones físicas —aceleración del latido cardíaco, subida de la adrenalina, enrojecimiento de la piel, musculatura en tensión— es una emoción muy difícil de controlar.

Muchos niños temen la cólera porque la asocian con la violencia sufrida a manos de algún colérico. Cuando los niños reciben golpes, gritos o insultos por parte de otros niños o de adultos, pueden llegar a creer que lo peligroso es la cólera en sí. En realidad, el peligro no está en la emoción sino en el comportamiento abusivo. Al ser testigos de cómo los adultos con frecuencia controlan mal su cólera, ellos aprenden reacciones inadecuadas, y de ahí que perpetren actos nocivos contra otros o contra sí mismos.

No es inevitable, sin embargo, que la cólera origine un daño físico o emocional, porque puede controlarse. La gente dice «lo vi todo rojo» o «es que tengo un pronto muy malo». En la realidad, las cosas no ocurren de esa manera tan súbita que se pretende. Hay signos premonitorios, señales de alarma que anuncian el episodio colérico. Lo que pasa es que los intemperantes han aprendido a no hacer caso de estas sensaciones que preceden al estallido de la cólera. Por lo que tienen dificultad para reconocer los primeros y más sutiles síntomas de la irritación o del fastidio, y reaccionan sólo cuando el fenómeno alcanza un nivel extremo. Los coléricos pretenden a menudo que les falta fuerza de voluntad para contenerse, pero de hecho no es cuestión de fuerza de voluntad sino de atención y de una competencia, la que consiste en controlar la cólera y expresarla de manera respetuosa y adecuada. Como cualquier otra competencia, ésta puede adquirirse mediante el ejercicio asiduo, la perseverancia y la práctica. Podemos imaginar la cólera, no como un sentimiento simple sino como un complejo emocional que empieza por las primeras sensaciones de contrariedad y disgusto, y va intensificándose hacia la explosión incontenible. Hay que aprender a distinguir esos síntomas incipientes que preceden o acompañan a la cólera cuando el nivel acumulado todavía es controlable.

Algunas personas creen erróneamente y cometen el error de enseñar a sus hijos que las reacciones coléricas son inherentes. Sin embargo, la expresión de la cólera no depende de ningún factor genético, ni está determinada por el sexo, ni por la raza, ni por la clase socioeconómica. Cuando se dice de alguien que «se enciende enseguida», casi parece como si hubiese algún material inflamable escondido en algún lugar. O como también se dice a veces, «qué otra cosa se podía esperar, si es alemana» (o italiana, o irlandesa, o de la otra orilla del río). La gente, para justificar sus desahogos de cólera, dice que no pueden dejar de ser como son, como si estuvieran abdicando de su capacidad para elegir cómo van a reaccionar frente a una situación determinada.

Otras veces oímos que dicen incorrectamente «me pones furioso, o furiosa». Nadie tiene la capacidad para poner furioso a nadie. Enfadarse siempre es una opción. Lo que queremos decir cuando manifestamos que alguien nos pone furiosos es que nos hemos sentido ofendidos. A veces creemos que eso nos confiere el derecho a replicar con la ofensa. Pero, en vez de largar una retahíla furiosa, podríamos optar por una manifestación calmada y clara de nuestro dolor. Cuando algo nos ofende, podríamos decir: «Me estás haciendo daño. ¡Déjalo ahora mismo!». Y también podemos enseñar a nuestros hijos que reaccionen con esa calma respetuosa y esa franqueza cuando se sientan ofendidos.

¿Cuándo es excesiva la cólera de un progenitor?

En tanto que padres, nuestra misión principal es enseñar a nuestros hijos a ser responsables y amables. Es natural enfadarse a veces cuando los niños se comportan mal, o no escuchan, o replican, o vulneran las reglas de la familia. En estos momentos hay que hacer demostración de nuestra capacidad para controlar la cólera, así como de nuestra responsabilidad y afecto para con el niño. Si estamos demasiado irritados para ser afectuosos. también lo estamos para tratar de disciplinar al niño en ese momento.

El enfado es excesivo cuando el adulto lo manifiesta de una de las maneras siguientes:

- Insultar al niño
- Golpearlo
- Arrojarle un objeto
- Amenazar con hacerle daño
- Hacer burla de sus defectos o debilidades
- Tratar de meterle miedo
- Hablarle a gritos

Ante cualquiera de estas manifestaciones, inmediatamente hay que tomar distancia con respecto a la situación y tomarse un rato para reflexionar.

Cómo afecta a los niños la irascibilidad parental excesiva

El temperamento colérico es un problema específico en las familias de los niños abusones. Todos los padres se enfadan con sus hijos de vez en cuando, y muchas veces los progenitores sienten remordimientos porque se dan cuenta de los niveles exagerados de agresividad que albergan y que expresan en el trato con los pequeños. A otros no les preocupa demasiado, porque no conciben que pueda ser perjudicial. Sin embargo, la cólera excesiva e inadecuadamente expresada es muy nociva para los niños. Y por otra parte, los resultados que produce el comportamiento colérico no son los que desean, por lo general, esos padres. Los niños que tienen un progenitor que se comporta como un energúmeno suelen ser faltones. Respetan poco la autoridad y la persona de sus padres, y los actos de desobediencia se hacen cada vez más frecuentes. He aquí algunos problemas comunes que se plantean cuando la cólera es excesiva.

Hijos menos colaboradores

Con sus exabruptos de cólera, el adulto pretende exigir más cooperación, pero entonces se presenta la paradoja. El menor adopta una actitud desafiante. Los padres demasiado coléricos tienen hijos poco cooperadores. ¿A quién le agrada colaborar con alguien que nos habla siempre a gritos? Es una falta de realismo creer que la colaboración del niño puede obtenerse faltándole al respeto.

Hijos resentidos y dispuestos a buscar venganza

Los gritos, los insultos y los castigos físicos por parte de los padres dejan un poso de resentimiento en el niño contra el adulto. Como el abusón comprende que, por lo general, sería una imprudencia tratar de desahogarse contra ese progenitor (al menos de momento), la emprende con los compañeros de colegio a los que intuye poco dados a defenderse y replicar.

Niños timoratos

A veces el progenitor excesivamente colérico cría hijos espantados o incluso aterrorizados ante su presencia. El niño abusón suele estar fuera de sintonía con sus propios sentimientos, y por tanto no se da cuenta de que la fachada agresiva que presenta al mundo oculta la realidad de su intimidación. El niño que ha de temer a sus progenitores no se siente seguro en ninguna parte. En Estados Unidos la tradición de dominar a los niños por medio del temor y de los malos tratos ha estado muy arraigada, por lo menos hasta la década de 1960, cuando la publicación de algunos trabajos como el de Rudolf Dreikurs, *Children: The Challenge*, empezó a modificar nuestra visión cultural de lo que significa ser unos padres eficaces. Aunque tampoco faltan los autores que todavía recomiendan el temor como herramienta de la educación y aconsejan en tal sentido a los padres, estas actitudes van cayendo en desuso, y el parecer general se inclina a favor de quienes piensan que nunca está de más expresar nuestro cariño a los hijos.

Niños avergonzados

En otros casos, el temperamento iracundo de los padres origina niños persuadidos de que no se los riñe porque hayan hecho algo malo, sino porque ellos mismos son constitucionalmente malos. Cuando un progenitor reacciona con cólera exagerada y abruma al niño con palabras humillantes, por ejemplo, el pequeño quizá se siente atacado como persona. Ocurre con frecuencia que el abusón sea víctima frecuente de manifestaciones coléricas en casa y que viva avergonzado de sí mismo. Aunque no sean malos, la intemperancia de sus padres consigue que ellos mismos crean serlo. Atormentan a otros niños para persuadirse de que éstos valen todavía menos que ellos.

Para evitar que nuestros hijos desarrollen esa sensación de vergüenza, hay que mantener siempre bien clara la distinción entre el niño y su comportamiento. El mal comportamiento no es apreciado, pero el niño no va a dejar de ser apreciado por ello.

Cómo cambiar nuestra manera de controlar la cólera

Si hasta ahora no nos habíamos dado cuenta de que nuestra cólera afectaba negativamente a nuestro hijo, y empezamos a temer que hemos causado un daño irreversible, todavía no está todo perdido. Aún nos hallamos a tiempo para ayudar al niño abusón, y que aprenda a controlar su agresividad. La mejor manera de conseguirlo es servirle de modelo. Cuando él vea cómo nos controlamos de una manera positiva, deseará emular nuestro ejemplo. Mediante una guía cuidadosa en este sentido, aprenderá que la cólera es una emoción normal, no un pretexto para dominar a otros. Por nuestra parte, sin duda será difícil prescindir de los hábitos inveterados para poner en práctica otros nuevos, porque probablemente no aprendimos mucho de eso cuando éramos niños y se habrá instaurado un cierto automatismo en nuestras reacciones. Pero no es imposible. Si recaemos y nos comportamos de manera inadecuada, lo que procede es pedir excusas y volver a intentarlo. He aquí algunas sugerencias valiosas para practicar en casa.

SABER CUÁNDO UNO ESTÁ FURIOSO

Tom regresó a casa después de una jornada especialmente difícil y descubrió que su chico de diez años otra vez había abandonado la bicicleta en medio de la rampa de entrada al garaje. Se puso rojo, se le disparó el corazón y observó que jadeaba aceleradamente. Para Tom esas sensaciones físicas eran los síntomas de un fuerte enfado, y de que necesitaba tranquilizarse antes de abordar la cuestión de la bicicleta con su hijo.

Importa prestar atención a estos signos fisiológicos de la cólera. Ésta es una emoción poderosa que origina reacciones fisiológicas inconfundibles, como las siguientes:

- Aumento de la temperatura corporal
- Aumento de la frecuencia cardíaca
- Ligero mareo
- Respiración anhelante
- Respiración jadeante
- Sudoración
- Tensión en los brazos, el pecho, las manos y el abdomen
- Nerviosismo gástrico, «mariposas» en el estómago
- Mandíbula apretada, rechinar de dientes

Cuando observemos alguna de estas señales, nos tomaremos un rato para tranquilizarnos antes de hacer nada. Cuando los progenitores intentan disciplinar a impulsos de la cólera tienden a ser más injustos e impulsivos, así como a perjudicar física o emocionalmente a sus hijos.

SOSEGARSE

Cuando Tom vio la bicicleta de su hijo en el camino, se dio cuenta de su propio estado de ánimo y lo identificó como un acceso de cólera. Entonces se dijo a sí mismo: «Espera un minuto. Vamos a tomárnoslo con calma». Y se quedó sentado en el coche durante un minuto, respirando hondo. Hasta que no se sintió tranquilo no fue a hablar con su hijo. Ésta es la manera de sosegarse que tiene Tom.

El antiguo consejo de «contar hasta cien» es una de las mejores y más eficaces maneras de controlar la cólera. Hay que enfrentar la causa del enfado, por supuesto, pero de una manera racional, y para esto hay que tomar un poco de distancia y tranquilizarse.

Enseñemos a nuestros hijos el valor de la pausa para la reflexión en tres fases:

1. ***Hacer un alto.*** Dejar lo que estamos haciendo. Cualquiera que sea el problema, puede esperar a que nos hayamos tranquilizado. Mantener la compostura es el objetivo más importante ahora.

2. ***Pensar.*** Dialogar con nosotros mismos utilizando pronunciamientos positivos como «tranquilo, se me pasará sin gritar», «puedo pensar con calma», «estoy sosegado y pacífico», «trataré a mi hijo con cariño y respeto», «¡alto! ¡piensa!», etc. Es difícil pensar bien cuando estamos alterados. Elegimos de antemano un lema positivo, o combinamos un par de ellos como hizo Tom, para hablar con nosotros mismos cuando estamos enfadados.

3. ***Respirar.*** La respiración profunda es uno de los medios más rápidos y más eficaces para apaciguar la cólera. Hay que cen-

trar toda la atención en la propia respiración. Inhalar a través de la nariz y exhalar por la boca. Respirar con naturalidad, despacio, mientras nos decimos «inhalar..., relajar». Imaginamos que estamos inhalando paz y tranquilidad, y expulsando la cólera. Sin prisas, continuamos respirando de esta manera hasta que se hayan tranquilizado los nervios.

Si nos notamos todavía demasiado enfadados para poder discutir con tranquilidad, es que aún no hemos tomado distancia con respecto a la situación. En cuyo caso le diremos a nuestro hijo: «Ahora estoy demasiado enfadado para hablar, vamos a esperar un rato». A continuación nos alejaremos un rato de la situación hasta que nos hallemos capaces de discutirla con calma. Tal vez podríamos salir a dar un paseo, o escribir nuestras sensaciones en un papel, o dedicarnos a alguna tarea física para descargar energías. Durante este período de reflexión no hay que beber alcohol, ni tomar ninguna droga, ni conducir un coche.

Importa recordar en todo momento la necesidad de hablarles a los niños con afecto, sobre todo cuando uno está enfadado. Es por eso que nos tomamos unos instantes para tranquilizarnos.

Utilizar el diálogo interior positivo

Los padres que controlan bien la frustración tienden a dialogar consigo mismos en términos positivos. Prestemos atención a los pensamientos que se atropellan en nuestra mente cuando estamos enfadados. A menudo son pensamientos negativos que intensifican la cólera. Si nos sorprendemos a nosotros mismos albergando cavilaciones negativas, procuraremos reemplazarlas por pensamientos positivos y más realistas. Por ejemplo:

En vez de decirle a nuestro hijo:	**Digámonos nosotros mismos:**
«Esto no lo aguanto más.»	«Puedo controlar esta situación. Es difícil, pero puedo controlarla.»
«Estás tratando de sacarme de mis casillas.»	«Es normal para su edad. No es que esté intentando volverme loco. Sólo hace lo que todos los niños normales.»
«Nunca escuchas lo que te digo.»	«No es verdad. A veces sí escucha. Ahora mismo está enfadado y está yendo a su bola. Yo soy el adulto y debo comportarme como tal. Lo trataré con respeto.»
«Eres un (idiota, vago, pesado, inútil, etc.).»	«Tómalo con calma. Los insultos no sirven de nada. Sólo porque estoy enfadado no debo faltar al respeto a nadie. Seguiré hablando con respeto aunque esté enfadado.»
«Siempre tienes que discutirlo todo.»	«No hay que exagerar. No lo hace siempre. Lo discutiremos, pero con calma.»
«No quieres a nadie más que a ti mismo.»	«Un momento. Yo no puedo saber lo que él siente. Ahora está encerrado en lo suyo, que es lo que hacen a veces los niños cuando no consiguen lo que quieren. Debo tratarlo con calma y hablar con respeto.»

Ideas para ayudarlos a controlar su cólera

Muchas familias tienen reglas no escritas para los enfados. En algunas familias simplemente no está permitido expresar la cólera. En otras parece ocurrir todo lo contrario: hablar encolerizados es la única manera de comunicarse que tienen. Ninguno de los dos extremos es bueno. Hagamos que la cólera pueda manifestarse en nuestra familia, pero que siempre se exprese con respeto.

Lo que no debe hacerse nunca es negar la cólera del niño diciendo cosas por el estilo de «sé que no estás enfadado» o «no lo dirás en serio». Esto, además de insultante, equivale a reprimir la cólera obligándolo a encerrarla en su interior. Pero los sentimientos reprimidos siempre acaban por encontrar una salida, y lo mismo sucede con la cólera, que acaba por expresarse mediante acciones violentas o a través de una depresión.

Cuando un progenitor niega el enfado de su hijo lo hace porque teme sus propios sentimientos. Si no somos capaces de admitir que nosotros también nos encolerizamos, probablemente transmitiremos esta incapacidad a nuestros hijos. Pero es necesario que la familia tenga establecidas unas normas para que la cólera pueda expresarse. Servir de modelo de cómo se controlan los enfados es una parte importante de nuestra labor de corregir los comportamientos inadecuados de los hijos. Pero cuando éstos son abusones, precisan además de una guía más directa en cuanto a las actitudes y las competencias necesarias para controlar eficazmente tal sentimiento. Damos a continuación algunas sugerencias que los ayudarán a controlar física y verbalmente su agresividad.

Enseñarle que nunca debe pegar, arrojar objetos contra los demás ni proferir insultos

La cólera es también una sensación física, y algunos niños son propensos a pegar, a arrojar objetos y a insultar cuando están enfadados. Les enseñaremos que en estas situaciones no deben tocar a nadie ni tomar ningún objeto en las manos. Asimismo, que no deben emplear palabras susceptibles de herir los sentimientos de otra persona.

Enseñarle la diferencia entre el temor y el respeto

Los abusones suelen confundir el temor con el respeto. Creen que la gente no los respetaría si dejaran de mostrarse agresivos. Esos niños todavía no han aprendido que el temor y el respeto son mutuamente incompatibles. Muchas veces los abusones se sorprenden al descubrir que la gente los respeta más, en realidad, cuando empiezan a tratar correctamente a los demás. Este descubrimiento de que pueden conseguir lo que quieren hablando con los demás respetuosamente les permitirá prescindir de ese recurso en que se han refugiado durante tanto tiempo: la intimidación.

La mejor manera de incitarlo a tratar con respeto a los demás es enseñarle a respetar a sus progenitores en vez de temerlos. Para conseguirlo, hay que tratarlo siempre con dignidad y con amabilidad. No disciplinarle nunca cuando estamos enfadados. Los niños que tienen padres respetuosos corresponden de manera natural con el respeto, y acudirán a ellos para pedirles consejo y guía en los momentos de dificultad.

Pensar en las consecuencias

Cuando un niño está enfadado, también debe hacer un alto para pensar. Siempre hay más de una posibilidad para expresar la cólera. Que comprenda que la manera de hacerlo es una elección personal, que no se le impone a nadie la línea negativa. Hay que enseñarle al niño que nadie saca de sus casillas a nadie, que reaccionar con el enfado es una decisión tomada por él mismo. Le explicaremos que debe tomarse una pausa y preguntarse: «¿Cuáles serán las consecuencias si desahogo mi enfado ahora mismo, y cuáles si me contengo?». Y luego, «¿cuáles son las consecuencias que prefiero?». Entre las consecuencias negativas pueden aparecer: pérdida de privilegios en la escuela, pérdida de privilegios en casa, o recibir una paliza si provoca a otro más fuerte. Entre las consecuencias positivas por contener el enfado: conservar los privilegios, ganar el respeto de los demás niños.

La cólera es una emoción necesaria para nuestra supervivencia y nos ayuda a defendernos de todo daño evitable. Pero si se controla mal y se utiliza como excusa para dañar a otros de palabra o de obra, nos conduce al conflicto. Bien utilizada, en cambio, la expresión de la cólera ayuda a resolver los conflictos. Los padres se hallan en una posición privilegiada para enseñarle al abusón cómo puede expresar su cólera con respeto y sin arriesgar inconvenientes.

Epílogo para todos los padres

Los cambios sociales a la más amplia escala son posibles pero llevan su tiempo y requieren un esfuerzo permanente. En Estados Unidos, hace doscientos años, cualquier honrado ciudadano podía ser propietario legal de otros seres humanos. Hasta la primera mitad del siglo XX la mujer tenía una consideración legal inferior a la del hombre. Hace menos de cincuenta años se podía prohibir la entrada en un establecimiento público a cualquier persona de un determinado color de piel. Ahora, cuando contemplamos todo eso retrospectivamente, nos sorprende que nociones tan inhumanas hayan tenido vigencia en nuestro país. Aunque todavía nos queda mucho camino que recorrer para considerar garantizados los derechos civiles de todos, ahora la ley protege al menos la igualdad racial y la de género.

Sin embargo, y aun suponiendo que hayamos alcanzado un punto en que el racismo, el sexismo y otras manifestaciones de intolerancia sean problemas del pasado, todavía hemos de replantearnos nuestras actitudes en relación con el acoso entre escolares. Al fin y al cabo, si vamos a tomarnos en serio la reforma del violento entramado social de nuestro país y la disminución de la población penitenciaria, hay que comenzar por la educación de los niños. Las semillas de la intolerancia adulta y del comportamiento delictivo se plantan en la edad infantil. Es preciso admitir que cuando restamos importancia al acoso infantil estamos atribuyendo una normalidad a las conductas violentas. Si normalizamos la violencia de niño a niño, preparamos una cosecha terrible para más adelante. A falta de una intervención eficaz, los abusones cuando sean adultos seguirán llevando la violencia a nuestra sociedad. Y también los que han sido blanco del acoso escolar pueden volverse violentos, sobre todo si sacan la conclusión de que a nadie le importa.

No es suficiente castigar a los niños que han manifestado tendencias antisociales. Hay que mirar más allá del castigo como solución al problema de los niños abusones. Aunque con frecuencia el castigo es lo adecuado y lo necesario, por sí solo no servirá para que los niños aprendan a ser responsables de su comportamiento. Si queremos poner fin al acoso escolar, hay que ayudar a los abusones, hacer que aprendan los valores, las actitudes y las conductas —sobre todo, la empatía y el autocontrol— que conducen a unas relaciones sanas con sus compañeros. Parte de esa responsabilidad incumbe a la familia. La familia es el laboratorio donde se enseña a los niños. A veces aprenden cosas maravillosas en ella. Pero en ocasiones, aprenden también conductas de falta de respeto a los demás, en último término contraproducentes. Si el niño no aprende en casa la responsabilidad por su comportamiento, ese niño necesita ayuda, y sus mayores también.

Las familias de los niños que han sido blanco de abusos también tienen una función que desempeñar en la reforma de los efectos sociales nocivos del acoso. Pueden contribuir haciendo que sus hijos desarrollen una autoestima sólida, así como competencias de asertividad que los preparen para enfrentarse eficazmente a cualquier intento de acoso por parte de los agresivos. Si se los enseña cómo rechazar y no admitir las actitudes de superioridad y prepotencia que exhiben los agresivos, éstos acabarán por entender que su comportamiento no será tolerado y que no van a sacar ninguna ventaja del mismo, ni siquiera en lo inmediato.

Más allá de las familias, necesitamos también programas mejor concebidos para ayudar a los menores. La lucha contra el acoso escolar requiere un esfuerzo concertado por parte de los padres, de las escuelas, del aparato jurídico y de la comunidad en general. Como padres, nos toca colaborar con las escuelas y las comunidades para poner cortapisas al acoso. Nuestros hijos merecen vivir libres del temor a abusones de cualquier especie. El esfuerzo dedicado a desarrollar en ellos unas pautas de conducta más saludables puede ser decisivo para toda la vida.

Notas

Introducción

1. J. Hoover, R. Oliver y K. Thomson, «Perceived Victimization by School Bullies: New Research and Future Direction», *Journal of Humanistic Education and Development* 32, 1993, pp. 76-84.

2. R. Hazler, J. Hoover y R. Oliver, «What Kids Say about Bullying», *Executive Educator* 14, n.º 11, 1992, pp. 20-22.

3. J. Lee, *Facing the Fire: Experiencing and Expressing Anger Appropiately*, Bantam Books, Nueva York 1993.

Capítulo 1

1. Lesa Rae Vartanian, comunicación personal, Indiana University-Purdue University, Fort Wayne (Indiana), noviembre de 1999.

Capítulo 2

1. M. A. Hamburg, «Youth Violence Is a Public Health Concern», en *Violence in American Schools: A New Perspective*, recop. por D. S. Elliott, B. Hamburg y K. R. Williams, Cambridge University Press, Nueva York 1998, pp. 31-54.

2. Base de datos online: http://www.cdc.gov/ncipc/usmort.htm, Atlanta (Georgia), Centers for Disease Control and Prevention, National Center for Injury Prevention and Control, acceso de agosto de 1999.

3. Centers for Disease Control and Prevention, «Rates of Homicide, Suicide, and Firearm-Related Deaths among Children in Twenty-

Six Industrialized Countries», *Morbidity and Mortality Weekly Report* 46, 1997, pp. 101-105.

4. Gesele Lajoie, Alyson McLellan y Cindi Seddon, *Take Action against Bullying*, Bully B'Ware Productions, Coquitlam, B. C. 1997.

5. G. M. Batsche y H. M. Knoff, «Bullies and Their Victims: Understanding a Pervasive Problem in the Schools», *School Psychology Review* 23, n.° 2, 1994, pp. 165-174.

6. R. Oliver, J. Hoover y R. Hazler, «The Perceived Roles of Bullying in Small-Town Midwestern Schools», *Journal of Counseling and Development* 72, 1994, pp. 416-420.

7. H. Estroff Marano, «Big Bad Bully», *Psychology Today*, septiembre-octubre 1995, pp. 50-82.

8. Betty Reardon, conferencia inaugural «Peacebuilding in Schools and Communities», Indiana University, Bloomington, 15 de agosto de 1999.

Capítulo 3

1. D. Olweus, «Bully/Victim Problems among Schoolchildren: Basic Facts and Effects of a School-Based Intervention Program», *The Development and Treatment of Childhood Aggression*, Lawrence Erlbaum, Hillsdale (Nueva Jersey) 1991, pp. 411-448.

2. Judith Rich Harris, *The Nurture Assumption*, The Free Press, Nueva York 1998.

3. P. T. Slee, «Situational and Interpersonal Correlates of Anxiety Associated with Peer Victimization», *Child Psychiatry and Human Development* 25, n.° 2, 1994, pp. 97-107.

4. G. M. Batsche y H. M. Knoff, «Bullies and Their Victims: Understanding a Pervasive Problem in the Schools», *School Psychology Review* 23, n.° 2, 1994, pp. 165-174.

5. S. Greenbaum, B. Turner y R. D. Stephens, *Set Straight on Bullies*, Pepperdine University Press, Los Angeles 1988.

6. D. Olweus, «Schoolyard Bullying: Grounds for Intervention», *School Safety*, otoño de 1987, pp. 4-11; L. D. Eron, «Aggression through the Ages», *School Safety*, otoño de 1987, pp. 12-16.

7. V. E. Besag, *Bullies and Victims in Schools*, Open University Press, Bristol (Pennsylvania) 1989.

8. D. Olweus, «Victimization by Peers: Antecedents and Long-

term Outcomes», en *Social Withdrawal, Inhibitions, and Shyness*, recop. por K. H. Rubin y J. B. Asendorf, Lawrence Erlbaum, Hillsdale (Nueva Jersey) 1993, pp. 315-341.

9. L. Eron, «What Becomes of Aggressive Schoolchildren?», *Harvard Mental Health Letter*, 8 de abril de 1988.

CAPÍTULO 9

1. D. Gorman-Smith, P. H. Tolan, A. Zelli y L. R. Huesmann, «The Relation of Family Fuctioning to Violence among Inner-City Minority Youths», *Journal of Family Psychology* 10, 1996, pp. 115-129.

Bibliografía recomendada

Dinkmeyer, Don, y Gary McKay, *The Parent's Handbook: Systematic Training for Effective Parenting*, American Guidance Service, Circle Pines (Minnessota) 1997.

Eastman, Meg, y Sydney Craft Rosen, *Taming the Dragon in Your Child: Solutions for Breaking the Cycle of Family Anger*, Wiley, Nueva York 1994.

Hyman, Irwin A., *The Case against Spanking: How to Discipline Your Child without Hitting*, Jussey-Bass, San Francisco (California) 1997.

Illsley Clarke, Jeanne, y Connie Dawson, *Growing Up Again: Parenting Ourselves, Parenting Our Children*, Hazelden Information and Educational Services, Center City (Minnessota) 1998.

Lighter, Don, *Gentle Discipline: Fifty Effective Techniques for Teaching Your Children Good Behavior*, Meadowbrook Press, Minnetonka (Minnessota) 1995.

McKay, Matthew, Patrick Fanning, Kim Paleg y Dana Landis, *When Anger Hurts Your Kids: A Parent's Guide*, New Harbinger, Oakland (California) 1996.

Nelson, Jane, Lynn Lott y H. Stephen Glenn, *Positive Discipline A-Z*, Prima, Rocklin (California) 1999.

Acerca del autor

Trabajador social y clínico titulado, William Voors lleva más de veinte años atendiendo la consulta psicoterapéutica individual y familiar. Además dirige talleres de concienciación sobre el abuso escolar y prevención del mismo, bajo el patrocinio de diversas autoridades docentes y municipales. Vive con su esposa en Fort Wayne (Indiana), y tienen dos hijos.